現代美術

鑑賞導引系列 **2**

U0099996

三聯書店（香港）有限公司

甄 巍

鑑賞導引系列 **2**

現 代 美 術

作　　者　甄　巍

責任編輯　沈怡菁

設計製作　郭照威、林荔兒

出版發行　三聯書店 (香港) 有限公司
　　　　　　香港中環域多利皇后街九號
　　　　　　JOINT PUBLISHING (H.K.) CO., LTD.
　　　　　　9 Queen Victoria Street, Central, Hong Kong

印　　刷　陽光印刷製本廠
　　　　　　香港柴灣安業街三號七樓

版　　次　2001年1月香港第一版第一次印刷

規　　格　大24開 (200 × 187mm) 180面

國際書號　ISBN 962-04-1880-8

本書原由中國紡織出版社出版，現經原出版社授權
三聯書店 (香港) 有限公司獨家出版中文繁體字本。

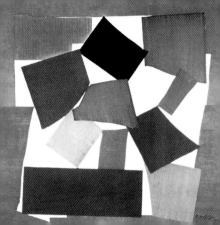

目錄

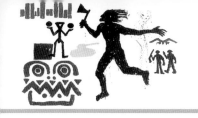

我希望這將是一本有趣而有用的書籍,希望它能成為一扇窗口,向你顯現迄今為止對你來說還是神秘和奇怪的美術事件和現象。對於大多數人來說,現代美術可能還像天方夜譚、UFO一樣遙遠而毫無意義,似乎它只是異國文化的一些奇聞趣事。不過你的這些想法在新的世紀可能就會變得落後了,因為中國的開發與發展將把我們大家推向世界,而世界性的文化潮流也將更加洶湧地向我們襲來。如果我們永遠也不能對一件國際上最出名的現代藝術家最有名、最值錢的作品(可能是抽象作品)作出一番中肯而有見地的評價(不一定非得是奉承),那將是非常遺憾的,因為反過來我們也將無法使中國的現代藝術作品成為國際上最出名的中國藝術家最有名、最值錢的作品,因為知己知彼,方能百戰百勝。

不過,坦白地講,儘管我曾經受過正規的美術教育,儘管我仍然還深深地愛着自己從小最愛做的事情——畫畫,我不得不遺憾地發現,當代美術在中國陷入了一個窘迫的境地。我和我大多數畫畫的朋友們一樣,對美術裡真正值得尊敬的東西在當今還有多大價值感到疑惑。也許是因為當代社會的

美術家,如果要像個優秀而成功的美術家一樣創作和生存的話,就必須去"運作"的原因。比方説,你要繼續畫下去,又不甘心在一個較低的層次上自得其樂,而是要創造、影響和留下些什麼,你所面臨的來自藝術自身發展和社會環境的雙重壓力,使你面對的幾乎是注定要"異化"的道路。的確很難!

這樣的前言開頭連我也感到吃驚,但至少這是我誠實的表達,如果也是最笨的開頭的話。我想你也一定感到了一種沉重和憂鬱,一種對美術所失去的靈魂的追想,屬於美術的最好時光已經過去了。不過,我還不至於要學習回復周禮的孔聖人,因為我知道,實際上我的思想是理想主義的惰性。儘管屬於美術的最好時光已經過去,但屬於人類,屬於中國人的美好時光才剛剛開始,人們才剛剛學會怎樣去追求自己喜歡的和想要的東西,才剛剛明白追求美和愛是一個人"天賦"的權力。儘管你接觸"純粹的"美術作品的機會少了,儘管你對美術的美好想法可能已經成了一種誤解,但你擁有了電影、電視,擁有了報紙、劇院、書籍等等更多、範圍更廣的娛樂精神、抒發情懷的手段與機會,也擁有了更多的私人空間和裝飾美化

家庭的手段，我必須講，當代的你比起過去的人無疑是幸福的和幸運的。

我覺得這是一本目前急需的書，現代美術的內涵極其廣泛，所包含的問題涉及人類社會的方方面面，它的多元性和深刻性又是古典美術所無法企及的。同時，中國社會文化發展的歷史又制約了普通中國人理解現代美術的深度和範圍。因此，提供這樣一本針對中國青年們的現代美術的普及介紹書是很有意思的事情，至少它提供了這樣一個機會，去討論人類發展過程中一些有趣的現象。這樣一種討論絕不會發生在除人類以外的任何一個生物種群裡，因為只有我們人類才會咀嚼過去，品嚐人之所以為人的那種創造力和表現力。

顯然，現代美術首先指的是一種特殊的美術，它有特殊的觀念和實踐，有屬於它的一個時代，在這個時代裡，其他的觀念和實踐與之相比都顯得暗淡，但並非生活在那個時代的所有畫家都是現代美術的創造者和推行者。

其次，現代美術在各種文化背景下有不同的形象作用。我們要考慮到各個國家，尤其是中國的國情。近十幾年來，現代美術在中國已經漸漸顯露它的力量。而在歐洲和美國，現代美術已處於發展的末期，也就是説，這本書中涉及的大多數美術作品和美術家，在他們西方，早已成為"古典"的東西。因此，當代的藝術家在不同的文化背景中面臨着不同的問題。當代的美術有時並不是現代美術，甚至可能是相反的事。

現代美術持續的時間、影響到的地區和人，在世界範圍來講是驚人的。它完全是被稱作"現代"的社會應該有的一種文化現象。它和社會文化發展的緊密聯繫，使我在介紹現代美術的時候不得不推測、提及美術作品產生的心理和精神源頭，經過分析，大家可能會理解一些看似不可思議的事情，並為之擊掌叫絕。同時，你也可能發現有些東西你永遠也無法接受。這點正和我一樣，你的感受應是唯一的真理。這是每個人的權利。

至於"現代化"是否適合中國美術發展，現代美術的東西是否都符合我們的利益，符合我們的需要，不是我們將要討論的，歷史自有它的選擇。而且我還希望我們能夠不為自己的"中國功利"所影響，用比較狹窄的價值觀去評價好還是不好。當然，討論是必須的。

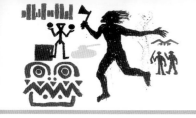

我相信，看完本書後，你對現代美術的看法會有所改變。

當你剛接觸到現代美術時，恐怕很快會被紛繁多樣的流派和主義攪得暈頭轉向。一場又一場的美術"革命"接連不斷地發生。但我們卻不能簡單地認為藝術在"進步"。這不是進化論的失敗，而是藝術的本質屬性。正如畢加索所言，藝術沒有過去，也沒有未來。

現代美術是邊發生邊記錄的歷史，這一點完全不同於古典美術的歷史。我們有大量的現代美術作品和現代美術家的言論，但也許正因為這一點，我們還無法比較客觀地談論現代藝術。沒有距離就沒有更深的認識。許多美術家口頭宣揚的並不一定是真實的事，他們口頭上反對的東西也許正是他們所繼承和依賴的東西。關於這一點，大家一定要有清醒的頭腦。同時，美學和美術學也在這一時期與美術實踐聯繫得越加緊密了。許多美術史學家和評論家成為某個畫派、某種藝術觀點的推波助瀾者甚至核心組織者。美術變得越來越像動手又動口的活兒。

所以這將是擺在我面前的一個難題：如何在用難纏晦澀的理論文字將讀者嚇跑之前講清楚畫的"內容"。而你面對的難題將是：如何將讀到的解"畫謎"的文字與看到畫面時最直覺的觀感正確地聯繫在一起。我的建議是：既不可不信，又不可太信。信則靈，不信則不靈。看到這裡，你可能會誤認為我的本行是擺攤占卦的，連職業術語都用上了。不過相信我，這是最誠懇的意見。

每一種美術形式都是一種表達情感與觀念的人為組織結構，就像語言，是一種符號體系。它有自己的語法結構和讀寫規律，只有理解並進入這樣的體系，才能具體地了解其較為初始的涵義和思想。就如中國的水墨畫體系、現代美術中的概念藝術體系一樣。如果壓根兒就不信中國畫有什麼特定的語言內涵，不信概念藝術是藝術家誠實認真的創作，就會發生像某些西方人或某些中國人觀念裡出現的現象。西方人可能會把中國的水墨畫貶為雷同、抄襲、簡單、淺薄、沒有創造力，中國人可能會把西方產生的概念藝術貶為瞎胡鬧、不嚴肅、騙術和膚淺。我是誠心實意地想去相信任何一種藝術，我希望您也一樣，把您的心胸和頭腦打開，就像一頭大鯨魚，把海水和魚蝦一股腦兒全吞到嘴裡，再濾出不要的，留下愛吃的。這可能有一定的難度，因為我們太習慣於一元文化了，很難相信世界上本來就存在有既是互相矛盾的，又是全都合理和正確的事情。但在現代美術的海洋裡，你經常會遇到這樣的事情。

不要模仿職業藝術家的思考方式，因為藝術家作為一個實踐者，並不一定有藝術賞析者那樣健全的頭腦。一個手持畫筆的藝術家可能會對一個手持顏料筒甚至垃圾筒的藝術家嗤之以鼻。對他來講，只有用畫筆蘸着顏料畫出來的畫才能稱得上是真正的美術作品。說實話，一個職業藝術家有權選擇這樣的思考方式，因為他得要創作呀，如果他對什麼都欣賞、都理解、都贊成的話，他是很難"一條路走到底"地專心研究屬於他的那種表現形式。但是對於我們這些初涉美術、急切地想要理解現代藝術的青年，這種思考方式是不太好的。它只會妨礙你全面深入地理解現代藝術。

現代藝術像一個千頭萬緒的大線團，有時候你越是急於要拆解，越是拆解不開。我會勸你順其自然，隨緣而行。該是你的，總會是你的。現代藝術中的很多東西可能永遠也無法真正理解，或者

說，知道了理論也無法喜歡，那麼也就隨它去吧。

如果上面說的這幾段話可以算你學習本書和現代美術的方法的話，我勸告你要做的準備就是這些。

哦！還有別忘了準備一個小本子或一些廢紙片，隨手臨摹下書中的一些插圖或練習。塗鴉式的亂畫也是極為有益的，從中你必會得到新的發現。

那就讓我們來試着解開現代美術的謎團吧！

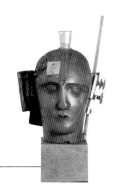

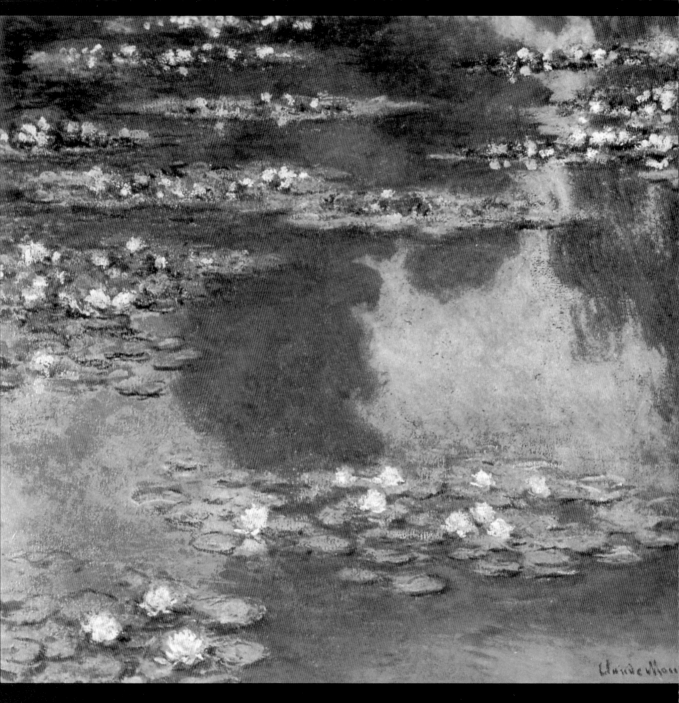

印　象　主　義

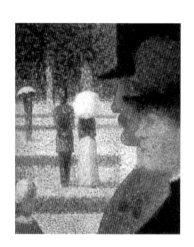

不要小看印象派的色彩斑點，幾千年才出現這麼一種情形……

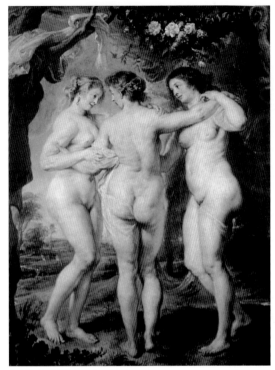

魯本斯：《三美神》(1638)

1 形式是個問題

　　你看過達文西的《蒙娜麗莎》、魯本斯的《三美神》、卡拉瓦喬的《水果靜物》之後，可能會覺得畫中的形象很真實，有很強的立體感。但你有沒有想到過，他們都是在用一些高超的技法來騙取你視覺的感應。藝術作品中的形象，可以稱之為一種幻象，藝術家把各種能夠引起你視覺注意的形式因素，按照某種關係組織起來，如果這種關係與自然中事物間的關係、與人心理結構關係相似或者同構，我們就能理解這種關係並且輕易地被"騙"。就美術來講，我們靠的是光，只有光才能使眼睛看見一切景象，於是探索在光照射下事物呈現的樣子，就成了美術家的職業研究範圍。

　　你也許會反問：世上萬物在光照射下呈現的樣子還用得着去研究？每一個人睜開眼睛的時候不都看得清清楚楚嗎？的確，這是一個正確的回答。然而美術家去"看"萬物與常人不同，他是帶着形式去看萬物的，或者更確切地說，去"發現"萬物的。中國的書法家可以從舞劍人的身姿、速度和力量上體會出書法中用筆、用力的奧秘，中國古代線描畫

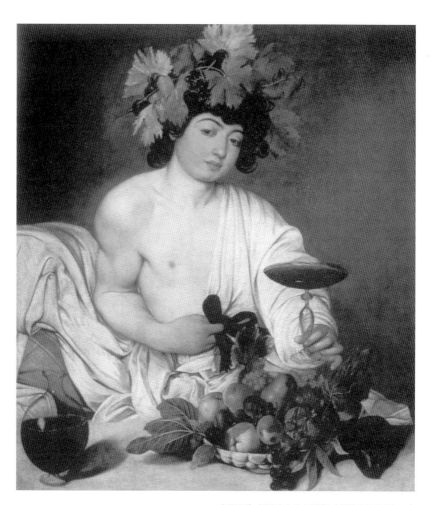

卡拉瓦喬：《酒神》中的水果靜物有很強的立體感 (1635)

家看仕女時會專心地觀察衣飾飄動的線條、人物動作引起的輪廓線和神情的關係，同樣，用不同的"形式眼光"去觀察就會發現萬事萬物在光照下不同的形態關係。這種形式眼光的演變往往是由於社會中最深刻的經濟、文化背景的演變而引起的。同時又要看到形式從它的狹義的一方面看，又與美術的技術、技法或者說對客觀媒介的認識與處理方式有關，在美術史中，它往往呈現出一種形式的傳統。

我並不想把問題說得這麼理論化，但要理解現代藝術，這還僅僅是個開始，從印象派開始，所有的美術運動都離不開一種理論的認識，也就是說，要想真正理解那些偉大的畫家和他們的畫，僅僅靠眼睛還是不夠的，必須用意識引導視覺深入到新的形式文化中，尤其對剛開始接觸現代美術的朋友來講，更是如此。

西方古典美術最典型的作法，是把觀眾放在一個接受者的角度上，你看見畫面的時候，用不着去做什麼費力氣的活兒。幾乎不用動腦筋，也不必花工夫去辨認什麼形象，一切都是容易理解的，也是司空見慣的。就像整個社會的結構一樣，都由完整而富有安全感的秩序安排好，你是哪個階級就是哪個階級，一切都是按照人們可以理解的關係去處理。在中世紀，藝術家像為故事畫插圖一樣畫了大量的壁畫和聖經抄本裝飾畫。在文藝復興時期，由於人文主義和科學思想的發展，人們可以理解的關係中重新又加進了透視和象徵傳統靜態物理學的光影與定實畫法。這種創造、欣賞虛幻空間的形式眼光，一直延續到1860~1880年代，才被一種新的、更加五彩繽紛的形式眼光所取代，不過過了幾十年後，大多數的欣賞者才接受這種眼光。

這種眼光首先來自於對色彩空間的認識。文藝復興時，達文西注意到了大氣不是透明的，而是有厚度、有顏色的，不過在他的畫裡，這種大氣主要被用於明暗調子和形體虛實效果上。到了19世紀中葉，法國畫家柯羅和他的巴比松畫友們，把自然風景當作寄寓他們現實加浪漫的田園幻想的理想載體。他們日復一日、年復一年地描繪着巴黎郊外的森林和湖泊，透過樹葉縫隙灑下的陽光，清晨帶着露水的草地，微風和暴雨都被納入寫生的範疇。與此同時，在隔海相望的英國，風景畫也以前所未有的狀態繁榮起來。其中康斯太勃（J. Constable）與透納（J. Turner）對印象派畫家們將起到重要的啟迪作用。

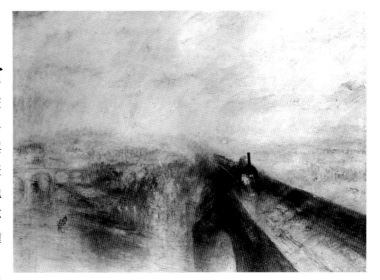

2 英國的風景畫家

　　透納是第一位把霧和水氣畫得如此有色彩的畫家，在《雨、蒸汽和速度》中，依稀可辨的火車與橋成了表達自然界雨點和霧氣，表達抽象的速度之美的一個象徵。他那些大氣磅礡的主題風景畫已經不是單純的一片田野風光，而是一種強烈的情緒。在《奴隸船》一畫中，大海彷彿被一種神秘的力量攪動得翻騰起來，船隻好像是無力控制自己的一片浮葉。他的許多油畫都表現了自然的這種偉大和神秘。畫的邊框似乎很難限制自然空間的延伸，這種觀察方法很有一點東方的味道，這也是透納異於他人的地方，風景因此而充滿了戲劇般的效果。雖然透納的大多數作品都是在畫室裡完成的，但實際上他很喜歡作一些小幅的寫生，有水彩也有油

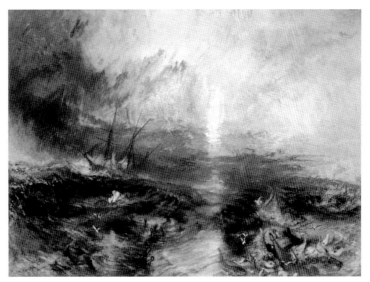

透納：《奴隸船》(1839)

畫，這一點很像他同時代的另一位風景畫大師康斯
太勃。這位一生描繪他所熱愛的英國鄉村田園風景
的畫家，可以說代表了新一代的寫生畫家，儘管他
的大幅正式作品都是在畫室裡完成的。他經常到野
外去捕捉天上變幻的雲氣，描繪田野在陽光照射下
的色彩。

現在留存在英國的多幅康斯太勃的小油畫風
景速寫真是精彩之極。我們可以看到他用了很多新
的技法來表現一種視覺的瞬間感覺：有時直接用調
色刀把顏色厚厚地抹到畫布上，有時用筆桿的尾部
拉出一些樹枝痕迹，有時又把顏色刮掉以形成斑駁
的色彩表面。讀到這裡你又可能有點糊塗，介紹這
些瑣碎的技法有什麼意義呢？請相信我，這是很重
要的一個細節。因為這種反復修改、即興表現的技
法正是寫生畫法的特點。

寫生，就是面對着真實的客觀物象，不管是
人還是風景，進行比較客觀的摹寫（也有面對對象
盡情發揮創作的，那些不包括在這裡面）。雖然這
種摹寫也有創作因素，即按照主觀的構想加工修改
的因素，但主要是以客觀的感受為主。在寫生的過
程中，由於寫生者直接面對真實的景象貫注他的熱
情，所以不同的景象往往會引發他不同的情感。這
點很容易理解，看朝陽與看晚霞是兩種情感，看山
峰與看山谷又是兩種情感。大自然千變萬化，人世
間千姿百態，很自然地寫生者在不同的時刻、不同
的地點會帶着不同的情緒，這種種不同必然會帶
來每張寫生作品中的偶然性，於是修改就成了寫生
畫的一個特徵。畫家在寫生時不斷地修正自己的觀
察結果與自己熟悉的表現手法之間的關係，也不斷
修正畫面形式、語言特徵，直至有力地表達寫生對
象的關係。具體到寫生的技術過程，這種修改、校

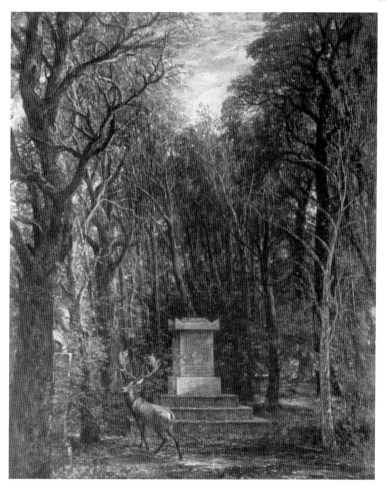

康斯太勃:《風景》(1836)

正留下了與非寫生繪畫中修改截然不同的效果。

在這張魯本斯的風景畫中，我們能看到典型的畫室裡製作的風景畫的效果：樹與人的陰影被按照古典多層畫法的方式薄薄地畫出，我們沒有看到自然中常見的天空的散射光和反光，也沒有看見陽光的溫度，光影似乎是一種人工設置的聚光燈效果，地平線與透視的處理也表露出古典繪畫均衡而單一的手法，總之它缺少一種偶然也缺少一種生

動。當然，古典繪畫另有一種特別的美感，它有獨特的完整性與秩序感，也有自己的表現力。但是時代在變，19世紀的畫家意識到了自然中隱藏着的千變萬化的光影關係、色彩關係。真實景物成為一個風景畫家最好的老師，就像文藝復興以來真實生活中的人物成為肖像畫家最好的老師一樣。在寫生的過程中，即興式的筆觸和塗色效果是完全不同於古典畫室裡按部就班的製作過程的(即使也有修改)。前者是用後畫的推翻前面的色彩與造型，而後者往往預先設定好畫的最終結果，通過有規律的步驟去達到一種有序的完整。這種情況尤其發生在19世紀畫家對待風景的態度上。那些有感悟力的畫家走出畫室直面自然，率直而迅速地對着天空、田野、森林、河流寫生，這些畫無疑是一種新的文化觀念的產物。

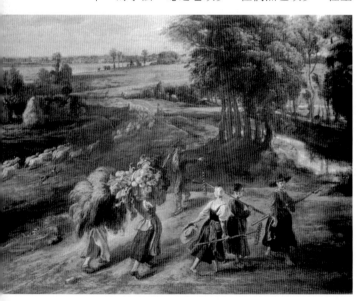

魯本斯的古典風景，一看就知是在室內創作的室外風景 (1636)。

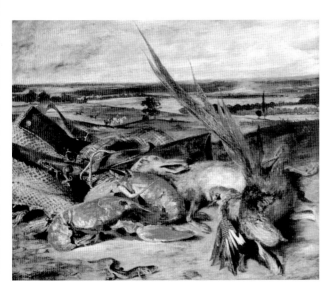

德拉克洛瓦:《靜物》(1827)

③ 對歷史的短暫回顧

　　為了更清楚地了解這一問題,這時有必要再回顧一下古典美術在它最後的幾十年裡所走過的道路(詳細內容參閱《鑑賞導引系列1——古典美術》一書)。首先是德拉克洛瓦這頭浪漫主義的雄獅,把人類的情感表現用強有力的繪畫手段表達出來。正是透納和康斯太勃在法國舉辦的風景畫展,使他猛然領悟到過去的繪畫是多麼地缺乏色彩。於是他嘗試着用各種方式去總結前人的色彩經驗,去發現自然界的色彩關係。在日記中他寫到:"陽光使黃色馬車的受光處顯出燦爛的黃色的效果,而房屋的陰影令人驚訝地呈現出的,不是過去繪畫裡一貫使用的黑色或者深棕色,而是紫色的效果。"他這裡提到的黃色對應紫色的效果,並不是發高燒時看見的虛像,而是正確地描述出了光與色彩的本質的規律,即色彩在人眼睛中的補色對比。這點稍後將成為本篇重點介紹的內容。

　　除了帶給大家新的調色板,德拉克洛瓦也帶給大家藝術家的激情和藝術應與時代同步的觀念。富有激情、富有表現力地反映時代,隨後幾乎成為藝術發展的一條必然規律。德拉克洛瓦沒能帶給大家的東西，由他的對手安格爾保留下來，那就是關注藝術自身、關注形式。

安格爾不問政治、不問世情，一心一意地搭建他象牙塔裡的藝術世界，"為藝術而藝術"，"形式就是一切"。為了達到繪畫形式的美感，安格爾仔細研究了大衛、普桑以及古典大師們處理構圖、形體和線條的技巧與方法，在他眼裡畫就是要畫得像一張畫而不是別的什麼東西，這就是説，畫的價值就在於它自身的形式特徵。為了滿足他對形式的要求，他改變人物的真實比例和結構，尋找那些最完善、最適合於他的形式的繪畫主題。畫中那些美麗的土耳其浴女、東方宮殿裡的宮婦，用她們的造型感勝過了一切話語繪畫形式之美，這是後來的畫家所無法超越的，是古典美的最後總結。安格爾把繪畫還給了繪畫自身，這是他既古典又十分"現代"的一個方面。安格

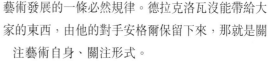

安格爾古典風格的
肖像畫 (1863)

爾終結了古典藝術的完美性，給以後的畫家提出了
一個難題，怎樣才能做得更好呢？

　　與德拉克洛瓦和安格爾兩
位不同，庫爾貝是以革命者的
形象出現的。他發掘了"真實"
的時代內涵，用比浪漫主義者
更加直接、坦率的觀察方法和
表現方式，去追問真實的社會
和真實事物的意義。這種現實
性和真實感，即使在他的靜物
畫裡也能顯現出來，他畫的靜
物，無論是水果還是餐具，總
是那麼沉甸甸的，具有質感和
量感。在當時，這是帶有樸素
的社會主義思想和唯物觀的，
對於當時佔統治地位的資產階
級和沒落的封建貴族思想，這無疑是一種批判和革
命。這種精神將是留給印象派以後的現代美術家們
的又一武器。

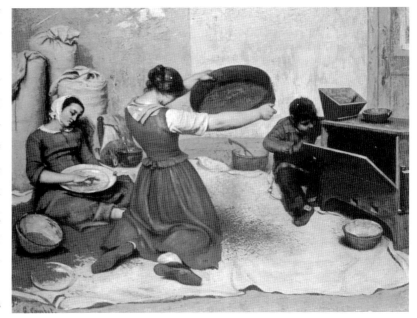

庫爾貝：《篩麥的女人》(1854)

4 印象主義大師們

　　19世紀是個非凡的時代，在資本主義發展史上又被譽為是黃金時代。科學技術飛速發展，工業革命帶來了新的社會發展契機，也帶來了新的文化和社會問題。1860年代後半期發生了一些對未來有決定性影響的變化，馬克思發表的《資本論》撼動了社會經濟和政治結構，被後來美術史家命名為印象派的一群畫家則徹底改變了美術的舊觀念與舊法則。

　　1863年，印象主義的先鋒人物馬奈展示了人與人之間新的關係，他的油畫《草地上的午餐》激怒了官方沙龍，這一點很像庫爾貝。在畫中一位全裸的姑娘和兩位衣冠楚楚的紳士一起坐在草地上共進午餐。有趣的是，馬奈並不是第一位將裸體的姑娘與紳士畫在一起的人，早在文藝復興時代，喬爾喬內的《田園合奏》就有過這樣

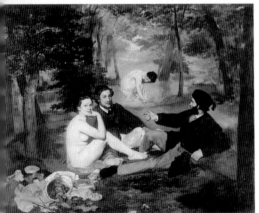

馬奈：《草地上的午餐》(1863)

的先例。問題的關鍵在於，喬爾喬內筆下的人物是按照描繪神話故事的方法畫出來的，畫中的人物情節與環境描寫有明顯的虛構性。而馬奈筆下的女性目光毫不羞澀地直盯看畫的觀眾，人物的形象、衣飾，環境的光色、靜物都給人以真實、坦率的感覺，除了後景一位穿古代衣飾的婦女外，一切似乎都是在現實生活中發生過。官方沙龍不能容忍的正是這種真實性，他們需要的是虛構的美，而不能接受一個不加掩飾的活生生的女性裸體，這實在是不道德！於是官方最終拒絕展出這件作品。

　　馬奈並未就此罷休，1865年，油畫《奧林匹亞》終於得到官方許可在沙龍裡展出。這件作品引起的喧嘩就更大了。大眾難以接受如此明白直露的"粗俗"和現實感覺。當然今天我們不會有這樣的感覺了，相反我們還會覺得畫中的女性美麗自然而又含蓄，我們也不會覺得畫有什麼不完整的地方，恐怕其中的原因是如今的世界早已充斥着更加粗俗和赤裸裸的形象，也充斥着比它更不完整更隨意得多的繪畫。這就是人的時代特性，可是在當時大眾的眼睛裡，這畢竟是一幅很不道德的繪畫，裸體的女性又是目光坦然地望着畫外(當時的道德男女顯然受

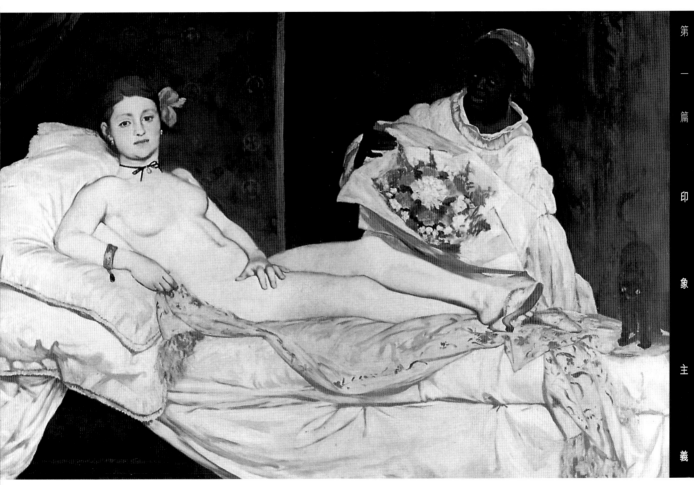

馬奈:《奧林匹亞》(1863)

不了這種坦率)，身後還站着一位黑人女僕(當時不入畫的形象)，腳上甚至還穿着一雙鞋，更重要的是毫無古典的協調與完整感，黑白兩種色調，顯得太刺眼而沒有中間色調。瞧，19世紀的觀眾並不是那麼好侍候。欣賞是一種靠習慣和常識維持的事情，要想大眾馬上換一種眼光去看待新藝術那是很難的，但新時代的特徵就是加快了這種換眼光的節奏。其實並非只在美術圈，當時科學界尤其面臨着換新眼光的局面，牛頓的物理和歐幾里德的幾何同樣被現代科學逼到了虛構的位置上。

"新"，對於我們現代人是個司空見慣、熟悉得不能再熟悉的詞，可是在19世紀，它可能引起一種觀念上的革命。傳統的那一套觀賞趣味確實是不合時代了。那些敏感的專業美術家已經着手把新的圖像趣味傳遞給大眾，貢獻給社會，儘管社會一開始並不是那麼歡迎它。

馬奈不僅把明亮的色彩和輕鬆的筆觸介紹給了大眾，在題材上他也不再感興趣於神話、傳說或者宗教故事。許多從未被畫家們注意的微不足道的場景和人物被搬上了畫面。記住：是真正的微不足道，不是米勒那種有意表現農民平凡生活的有強烈

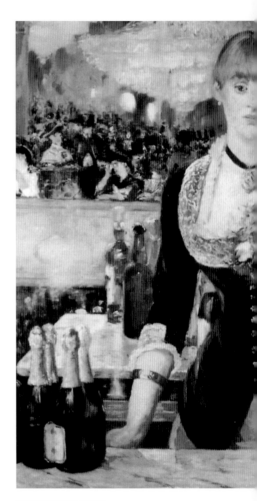

馬奈:《酒吧女郎》(1881)

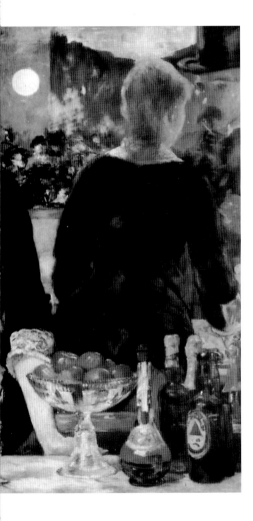

道德和精神評價的繪畫。

比如酒吧裡的一個場景，準確地説是場景的一角。在古典美術裡，這樣的構圖是不會出現的，因為它看上去"不完整"而且缺乏意義。現在不同了，大量這類作品出現在印象派畫家的作品中，這一點有重要的意義。

如果我們不是從強調古典與現代的不同觀念出發，僅僅以一個藝術家的個人風格與其技法特徵為着眼點，馬奈是一位很傳統的畫家，我是指他對造型的理解。他總是能用極為簡約的筆法和色彩，將形體塑造得豐厚而有韻味。

馬奈不是孤立的，他的身旁有一大群戰友。其中一位旗手級的人物叫莫奈，名字中間只差一個字母。莫奈的一個貢獻是創造了印象派這個名稱。當他一幅名為《日出印象》的油畫向公眾展出時，受到評論家們的嘲笑和譏諷，被冠上"印象派"的外號，初衷是貶意的，後來卻成了不朽藝術的名稱。

在談論印象派繪畫的核心問題——色彩前，我們先大致了解一下美術中的色彩是什麼。

繪畫色彩知識

認識色彩要記住三個比較枯燥的概念：**色相、飽和度（純度）和明暗度**；以及三個關係：**同時對比（補色關係）、冷暖對比和色彩空間**。不要擔心，只要不是色盲（此處絕無貶低色盲的意思，因為色盲或色弱另有一套特殊的對比關係），你一定可以正確地感受色彩。下面簡要地介紹一下這些概念和關係。

1. 色相——我們假設一個情景，你和很多朋友聚會，這時有人説你穿的黑色、紅色或黃色的衣服很漂亮，你也誇別人穿的藍色、綠色或紫色的衣服很好看。這裡使你能區分出紅、黃、藍、綠的色彩性質就是色相，你也可以把它叫做色彩的長相。

2. 飽和度——也可以説是純度。色彩輪（用一個輪形的色標圖表示色彩的全部）中有三種色彩被稱作「原始」的三原色：紅、黃、藍。它們是最純的，不能由別的顏色調出。接下來有三種間色，即三原色兩兩相調的結果：紅＋黃＝橙、紅＋藍＝紫、黃＋藍＝綠，也叫間色。現在有了6種顏色排成一個輪。然後，相鄰的兩種色再次相加又會產生6種色，它們叫複色。我們現在已經有了12種色，它們的純度由高往低，假如把複色再次與其他色混和，純度就更低了。

3. 明暗度——把一張彩色的圖片轉變成黑白圖就可以看到色彩的明暗度。也就是我們俗話説的亮色或暗色。可以通過給顏色加黑或加白的方法來取得明暗變化，使顏色變深或變亮，但這樣一來，色彩的純度就會差些。如果都是相同純度的顏色，不同的色相也會有不同的明暗度。黃色就比紅色、藍色都輕，而藍色最重，這樣類推間色中橙色將比紫色和綠色都輕，紫色最重。在實際運用中，情況要複雜得多，紅色和綠色

是色輪中比較容易接近明暗的顏色，最容易取得中間調子。而用複雜的複色或複複色可以配出無限多可能的色彩效果。

説到效果，我們不要忘記美術的魔力來自於對視覺感官的誘導、迎合，吸引感官的感受並非純機械式的、客觀的，而是富含人的精神與情感的。因此美術學中色彩的效果是最重要的，也是無法用絕對的科學標準去衡量的。具體地講，想用光譜分析法一類的東西去制定什麼色彩對應了什麼感覺，情感效果的分值是多少等等「規矩」是毫無意義的。色彩就這一點來講，是最抽象的藝術形式或人—物關係，和它最像的是音樂。一塊美麗的色彩能夠像動聽的樂音，直接進入人的情感而無需更多的分析解釋。這種抽象，不是歸納和推理，而更接近聯想與記憶，不，準確地説應當是一種頓悟。

不過這並不是説我們無法討論色彩的效果，至少可以得出一些普遍性規律，關鍵在於建立起色彩的「關係」準則。一塊色彩單獨看有其特定的性質，但只有當它與其他色彩進行對比時，它們之間的關係才成為美術學中最富有意義的效果。這些效果根基於人眼的生理構造，受人們觀察方法和欣賞習慣的影響，在美術造型規律中有着普遍的意義，是我們進一步認識色彩如何成為藝術手段的重要前提。其中最為基本的三組關係：

1. 同時對比關係，也叫補色關係——在色輪表上呈對應關係的顏色是互補的色彩。最基本的是三對：紫—黃、藍—橙、紅—綠。其根源在於人眼視網膜上的感光元需要一種平衡，當人長時間接受一種強烈色彩的刺激時，就產生一種互補的刺激來加以平衡。當我們盯着一塊紅色看上幾分鐘，然後移視白牆，在很短的一段時間內，就會「看到」一個綠色塊，其形狀與紅色形狀相同。這種補色可以説是視網膜創造出來的

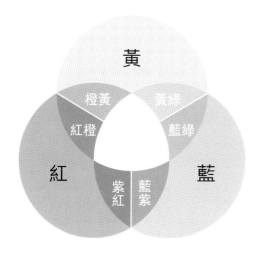

黃

橙黃　黃綠

紅橙　藍綠

紅　　藍

紫紅　藍紫

彩的相對論很重要。其次，把生活中的冷暖經驗加到色彩中去，把陽光、火光、水、空氣、樹木以及每一塊色彩表面、每一塊樹蔭都看作是帶有溫度的。這種觀察冷暖的能力只要經過訓練，就一定能夠獲得，這時候再看印象派的作品，就可以欣賞畫中無窮的魅力和變化了。

虛像，只存在於我們的感知裡。補色用在繪畫中能夠加強色彩的同時效應，使紅的更紅，黃的更黃，也能使原色和間色旁邊的灰色走向它的補色。如一塊紅色能使緊鄰着它的灰色帶有綠色的味道。印象派畫家在描繪陽光的色彩感時，經常使用補色手法使色彩產生一種顫動的效果。

2. **冷暖對比**——在美術實踐裡，不同色彩的性格往往不是用色相來表示，而喜歡用冷暖來描述。比如棕色和橙紅色、黃色常常被稱為暖色，也常稱作偏紅、偏黃、偏綠的暖色，而藍紫、青綠常常被稱為冷色。建立色彩冷暖的概念不太容易，需要經過一定的寫生實踐。但如果缺少對色彩冷暖的認識又不能很好地理解印象派色彩的"性格"與詩意。你能理解以下兩點：首先，一塊色彩不是穩定和一成不變的，它靠前後左右的色彩來確定它微妙而相對的性質。一般來講，橙紅是最暖的色彩，藍紫（也有說青綠）是最冷的色彩。在這兩極之間有無窮多的色彩，其中的任何一種總會碰到比它冷或暖的顏色，因此色

3. **色彩的空間**——這點比較好理解，色彩是有前後空間感的，大體來講，暖色向前跑、冷色向後退，亮色向前跑、暗色向後退。尤其是冷暖空間在繪畫中運用最多。你可以試着在一個純色上面（如黑色）畫上一塊冷色、一塊暖色，例如橙色和藍色，這種空間感覺會像三維立體畫一樣凸現到你的眼前，喜歡玩電腦的朋友可能在屏幕上看到過這種效果。據說這種效應來自於我們從自然界感受到的空間印象：由於大氣散射的作用，遠處的物體總是帶上一種灰色調，而橙黃色最為醒目、刺眼，於是感覺上離我們更近。

好了，嘮叨完了這些關於色彩的小常識，我們可以回過頭來咀嚼印象派的色彩蛋糕了。

再回到莫奈的《日出印象》，顧名思義，這幅畫畫的是日出時分的某種印象。印象，是外界事物

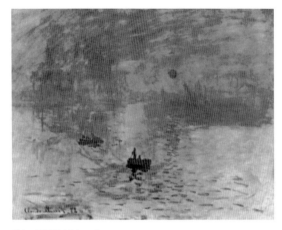

莫奈:《日出印象》(1872)

留給人的痕迹。印象派的創作方法是直面自然、戶外寫生,意味着畫家從自然中發現和獲取靈感與素材的過程變得直接而迅速。因為野外作畫不能允許長時間作業,畫家也很難做到完全無視光線和色調隨時間流逝而發生的變化。於是,在印象派的畫題裡,經常會出現"日出"、"傍晚"、"正午"以及"陽光下的……"等等表示時間與光線特徵的詞。題目往往隱含着主題。

藝術意味着取和捨、誇張與減弱的統一。由於畫家使用的各種顏料(礦石粉末或植物色料),其色彩效果緣於物質吸收光和反射光程度的不同,比如黑色是對照到該物質上的所有可見光全部吸收的視覺效果,而白色是對照到該物質上的所有可見光全部反射的視覺效果,而物理性的反射光是永遠不如光本身的亮度的,所以顏色所能產生的色階範圍比自然中的色階範圍要小得多。明知不能完全照搬自然,又要表現出自然給我們眼睛帶來的無限豐富而又富於光感的色彩效果,就只有一條路:大膽取捨、強化色彩在畫中的地位。

這一切莫奈做的都是那麼地好。一個典型的印象派畫家就應該像創作盛期的莫奈一樣,早晨很

莫奈：《魯昂大教堂》(1894)

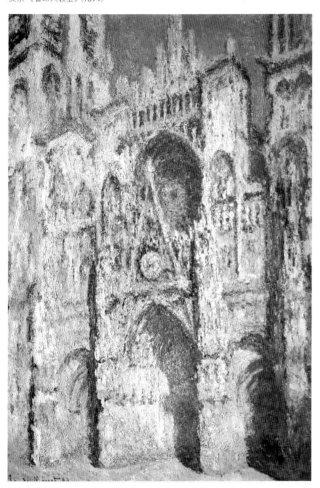

早出門，選擇一個滿意的位置寫生眼前的風景，不管它是什麼，一棵樹、一座房子還是一個草垛，只要風景呈現出的色調和光感足以打動畫家，什麼都可以。寫生過程不能太長，時間一久，色調和光感都會變化。在莫奈的眼睛裡看見的並不是人們常識裡的樹木和天空，而是一塊塊微妙而絢美的色斑，樹葉可能是粉藍也可能是深紫，天空可能是橙紅也可能是亮黃或粉綠，一切所見的物體都已剝去它實用而具體的世俗外衣，轉化為色彩語言存在於畫布上。萬事萬物在畫家面前，只要是符合畫面色彩造型需要的，都具有同等的意義。一張人臉並不比一頂帽子、一塊草坪更重要，畫面在邏輯上去掉了實用功能和身份判斷而成為繪畫形式的遊戲。想想看，當眼前的一切景物都變得模糊起來，失去了清晰的輪廓線而變成一組組顫動的補色和冷暖色，並在這種種神奇的對比中表現了光的魅力，莫奈是多麼的興奮。

　　印象派是比古典畫家們追求真實更多、模仿自然更多的一群環境主義者。風景寫生能比畫室虛構創造出更動人的"寫真"的神話。他們號稱是"描繪視網膜印象"的畫家。畫家不太注意構造一個前

莫奈畫的樹叢色彩豐富而有光感，十分有生命力 (1900)。

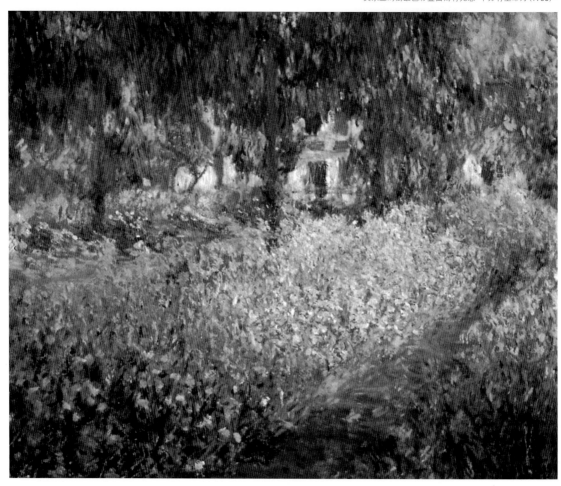

後景深很大的畫面虛空間，而着眼於色彩在畫布上的平面效果。顏色平平地呈現在觀眾眼前，沒有着力強調的局部，卻有濃濃的整體氣氛。和古典的繪畫放在一起，印象派的畫每一張都有獨特的色調，而古典繪畫總是一個色調。看上去，這像是單純的形式問題，實際上隱含着一種完整的文化觀念——新的生活觀和世界觀。我永遠相信藝術能如此神奇地找到人類生存中即將發生、正在發生而又未必被明確理會到的意義和觀念。美術圖像正是對人生的一種微妙曲折的表達。藝術中的美不是漂亮，它更像是一種會心的領悟，就像印象派領悟到的陽光映照出的色彩詩篇。

為了尋找這些詩篇，莫奈和他的同伴們日復一日、年復一年地在陽光下、風雨中聆聽大自然的輕音樂，並用他們細緻敏銳的觀察力捕捉每一片樹蔭的色彩，每一縷艷陽的溫度。早晨由於光線變化大，往往需要更迅速地抓住整體的色調。到了中午，莫奈會換一塊畫布，重新構築色彩的結構。傍晚時，莫奈已經在第三塊畫布上勤奮地工作了。時間與空間裡瞬間的美，心中不可捉摸的一絲情緒就這樣與一張張直率而真誠的畫布緊

密地融合在一起。

我這裡有一張寫滿印象派大師的名單，你只要悄悄地走近隨便哪一個人，都會嗅到陽光的氣味、色彩的芳香和一股不易察覺的詩的氣質。他們中有：

畢沙羅，一位仁厚的勤勞的長者，是印象派裡的大哥。每一個人都曾從他那裡或多或少得到過關愛。他是生活忠實的朋友，用善良純樸的心去體味和觀察田野、山坡、村莊、樹林和城市。他年高德厚、用筆蒼勁。在很多作品裡使用了沉穩概括的點彩畫法。

西斯萊，一個美國人，但大部分時間在法國作畫，也是一位典型的寫生風景畫家。他能夠用最冷靜的態度把豐富的色調一筆筆壓在畫布上，無論是早晨八九點鐘陽光照耀的寂寞村口，還是多雲沉悶的夏日池塘，都能活靈活現於他的畫面中。

修拉，英年早逝的印象派才子，他和西涅克創立的點彩畫風格使印象派在形式上的探索走向極端，也打開了另一扇通向未來藝術的大門。那是純形式的美，理性的美。他的畫靜謐、神秘，每個部分都經過複雜細緻的數學家似的計算，他把各種鮮

充滿運動和歡樂氣氛的夜總會
（修拉作品，1889）

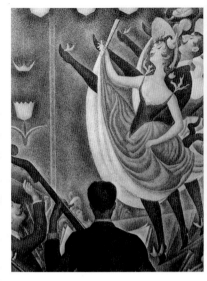

艷的原色和間色用小小的點狀筆觸塗在畫上。湊近一看，是各種色點混雜的抽象肌理，退遠一看，鮮艷的色點消失了，呈現眼前的是灰色的高度概括的造型。有趣的是，修拉後期的幾幅作品描繪的是充滿運動和歡樂氣氛的夜總會和馬戲團。不過，在修拉的筆下人和物好像突然凝固了似的，空間與時間在這裡呈現了永恆與瞬間的矛盾。

西涅克，修拉之後他將點彩派發揚光大，使之成為世人皆知的獨特畫法。曾經當過海員，到過許多地方。他的畫中常常出現大海、帆船、碼頭的形象。他的色點比修拉的大，對比也更加強烈，具

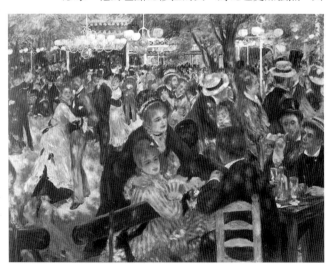

巴黎市民時常舉辦這樣的舞會，享受新式生活的樂趣（雷諾阿作品，1876）。

有裝飾的味道。

雷諾阿，描繪美的天使。婦女、兒童、青春少女是他最喜愛描繪的對象，他的畫中沒有暴力、恐怖、痛苦等等屬於崇高和壯美的主題，有的只是優美。但他與那些為了歌頌優美不遺餘力、但總是使人起雞皮疙瘩的造作派漫畫家不同的地方是，他描繪的其實不僅是優美、而是美背後的愛和生命，他能把生命的旋律、純真的愛通過繪畫形式表達出來，這一點酷似拉菲爾，但雷諾阿的色彩豐富，更具有直接抒發的"畫意"。每一位印象派畫家都有無窮的興趣去畫周邊生活的情景。繪畫與日常生活的隔膜奇迹般地消失了，舞會、酒吧、日常起居、街道、河岸，一切一切，只要生活中存在的，都成為印象派畫家筆下的絕佳題材。一種象徵城市文化和工業化社會的新圖像趣味終於明朗起來。

德加也是這種城市繪畫的傑出大師。他更鍾

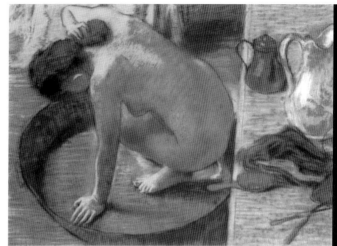

情於人物肖像和風俗場景。既然風景畫已經對傳統繪畫方式和趣味作了重大的革新，肖像畫也應發生相應的變化。德加對咖啡館、劇場、夜總會、舞廳、股票交易所等一切城市居民活動的社交場所都感興趣。他的芭蕾舞女郎、賽馬場騎手形象已經成為美術史上獨有的"德加"專題。巴黎人似乎有用不完的精力、有永不消退的興致去享受城市生活帶來的鮮活魅力。他們在德加的畫裡反復出現在一切輕鬆、愉快、充滿霓虹情調的地方。這是一群新的階級，新的文化人群，在19世紀下半葉的巴黎，這些好享受的中產階級市民成為新文化的消費者和創造者。至此我們恍然大悟，與其說是印象派革新了舊的繪畫傳統，從而改變了世人審美的眼光，不如說是新的社會文化把印象派推到了一個這樣的地位，正是五光十色的巴黎生活創造了德加和他的戰友們。

現在我又很少提到風景和陽光了。其實印象派畫家不僅僅是一群畫風景的人，只是他們中的風景畫家比較典型，比較能說明問題。他們描繪的地方早已不是名山大川或著名景點，因此過去的"風景"(以介紹風光、景致為主)很少出現，而情景或場景繪畫似乎更適合他們。從某種意義上說，城市裡的街道和咖啡館又何嘗不是一種新風景呢。

題材已經不是走在前沿的畫家們關心的問題，剩下的就是怎樣去畫了。可以說印象派的每一位大師都有自己獨特的造型語言，儘管他們在處理色彩、光線的總體法則上比較接近，都是強調外光的色調。德加就是一個探索形式語言的典型。他一直在嘗試各種各樣的材料，色粉畫、素描、雕塑、紙上油畫，甚至汽油也曾被他用作大面積薄塗的媒介劑。

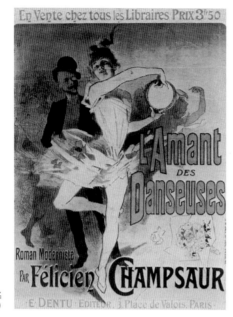

羅特列克為舞廳設計了著名
的海報招貼畫 (1888)

列克獨特的曲折外輪廓線和特別渲染的色調轉化成
了一種符號，一種剛剛興起的消費文化中被慾望和
糜爛所折磨的孤獨者的形象，那些坐着或站立的妓
女們，說不上是被譴責還是被同情，她們似乎只是
在冷漠中等待、喘息。

印象派的視覺魅力

　　印象派是個很散亂的畫家群，在1860年曾經組
織過一些不受歡迎的展覽，人員的變動很大，也沒
有一個統一的法則。這是很正常的，因為每個畫家

　　哦！忘了介紹印象派還有一位怪才，一位身
殘志堅的青年羅特列克。這位因小時受傷而導致腿
部殘疾的伯爵後裔被他的母親送到巴黎，想通過繪
畫治療他心裡的創傷。反正他家有很多錢，於是衣
食無愁的羅特列克除了繪畫就是泡咖啡館、泡舞
廳。在巴黎最著名的紅磨坊舞廳，老闆專門給他留
了一個座位，作為回報，羅特列克為舞廳設計了著
名的海報招貼畫。他用大量的油畫和素描為我們留
下了一個時代的某些社會特徵。他筆下的造型有種
病態的味道，舞女、妓女和紳士們的形象，被羅特

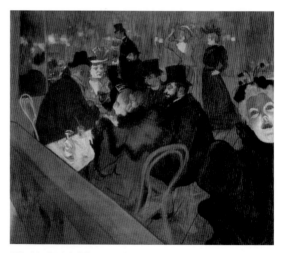

羅特列克：《聚在咖啡館的人們》(1892)

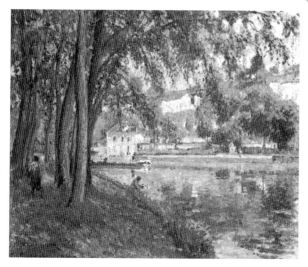

畢沙羅：《風景》(1902)

也就是一筆與一筆並不緊貼在一起，形成散塗效果。當莫奈或雷諾阿飽蘸一筆顏色塗上畫布時，並不是只畫一筆而是上下左右連畫數筆，中間留出畫布或底下一層顏色。假如底色是綠色，而塗於上面的是紅色，那麼綠色將會透過縫隙閃爍出來，當人離遠一些觀看時，這些色點或色條就模糊起來，產生一種不穩定性，就像我們透過空氣盯着景物時的真實感覺。

由於這本書是專為普及美術知識而製作的，低成本要求少印彩色圖，因此給大家盡出示一些黑白圖而大談色彩，多少有點欺詐之嫌。我不得不控制對色彩的談論，能達到什麼效果還得看您的想像力，和繼續從其他地方搞到些彩色畫片的興趣與努力。好在現在有關印象派的畫冊還比較容易得到，您最好參考着看看。

前面講過印象派大家庭裡每個成名英雄都有其獨特的幾招，每個人的畫都有個性魅力在裡面。

莫奈是戶外寫生大師，善用色點和靈活多變的筆法，是表現瞬間色調和光影對比的高手。晚年所畫的"睡蓮"堪稱是印象派最高水平的佳作。說實話，"睡蓮"已經超越了印象派的局限，走進理解和

的氣質不同，他們之所以被放在一起，只是因為他們關注繪畫的角度有許多相同之處。印象派是真正以色彩為造型手段的繪畫，它解放了色彩，使人們對光影的認識一下子擺脫了"明暗"的束縛。更重要的是揭開了19世紀學院派藝術保守而虛假的面具，從而為印象派以後的現代主義先驅重新理解歷史，重新理解東方藝術和原始藝術鋪平了道路。

印象派繪畫共同的視覺特徵，是用戶外觀察法寫生的結果，這導致一種即時性。我們總是能看到一些即興的、充滿直覺和靈感的特殊效果。有時是筆觸：印象派畫家絕大多數使用分離式的筆法，

想像的更大空間，充滿抽象和詩意的美。他畫中形象非常概括，不大用線條封閉。

畢沙羅善用豐厚蒼勁的色點勾畫樹木、行人和街道。他着色極穩，很有返璞歸真的魅力。畢沙羅影響了許多年輕的畫家，而他本人又是極為謙虛而隨和的，後來的繪畫大師塞尚就與他有極好的友誼。

德加，永不停息的繪畫效果探索者，他的大部分作品是室內景和肖像畫，與戶外風景畫家的手法有很大不同。德加的素描堪稱一流，他喜歡將準確到位的線條與強烈豐富的色彩結合在一起。色粉筆（一種像粉筆式的色棒）具有幾百種美麗和微妙的顏色，同時也易於畫家畫出流暢精確的線條與造型，就成為德加最愛使用的媒介之一。經過反復而有計劃的描繪，德加既抓住了舞女、騎手、演員這些經常運動、難度極大的造型，又抓住了瞬間一瞥所留下的強烈印象。他的造型虛實有致、感覺極為敏銳，是印象派裡最具古典氣質的畫家。德加對各

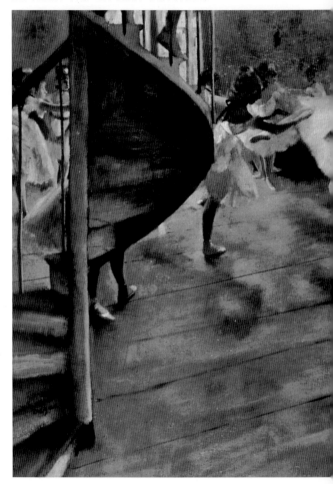

德加的芭蕾舞女郎習作，畫面的裁剪方式很像照片（1877）。

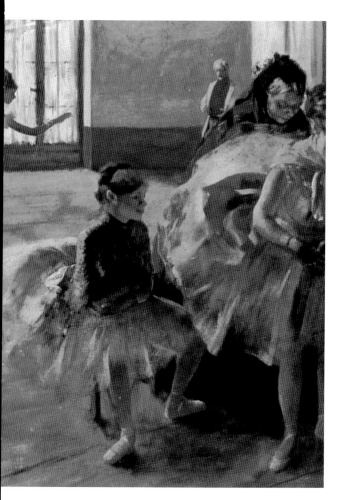

種材料都非常好奇，經常試驗一些新的技法。另外新興起的攝影術也成為畫家的一個愛好。許多繪畫的構圖是借鑑了照相機取景框的效果。

雷諾阿的視覺魅力是最令人感到舒適的。由於年輕時做過瓷器店的學徒，他非常喜歡畫出流暢光滑的線條，筆觸柔和，畫的表面猶如用羽毛輕輕掃過似的朦朧平整。雷諾阿希望自己的畫面質感美麗誘人，能使看畫的人禁不住要用手去撫摸。所有這一切，都與雷諾阿要傳達的美的意味達到高度的統一。他所表現出的人體純潔的美、母親慈愛的美和兒童天真幼稚的美，使我們真正了解了一顆天使般愛美的心。雷諾阿喜歡用珍珠似的灰色、柔和的紅色、神秘的黑色與燦爛的金色歌頌青春、歌頌生命。

這裡只列舉出了印象派大師中少數幾位畫家作品的視覺魅力。除了現在的成名英雄，當時還有一大群畫家聚集在印象派的周圍。到了1880年代，大多數的美術評論家已經意識到印象派的意義，並且重視這種新的美術潮流了。

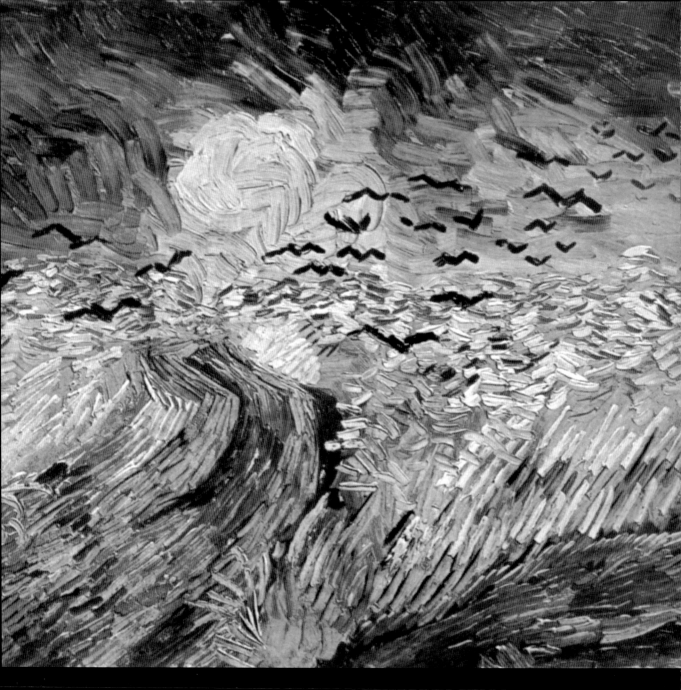

重 新 認 識 感 覺

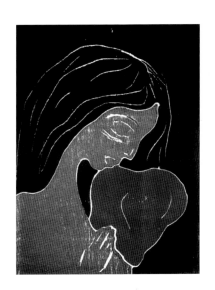

人人都能感覺，但並不是人人都能意識到並表達出自己的感覺⋯⋯

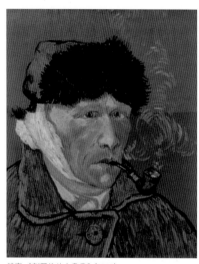

梵高:《割耳後的自畫像》(1889)

1 第一個評價

　　"他可真是一個瘋子",農夫奧古斯特對同村的鄰居說道。"是啊!這位先生每天對着麥田畫了一張又一張,好像永遠不知道累。"村民們不理解地聳聳肩,繼續忙他們的農活去了。不遠處的田壟上,梵高正揮汗如雨地在畫面上耕耘——1888年夏法國南部普羅旺斯省阿爾地區。

　　"他可真是一個瘋子。"學生們由衷地發出讚嘆。"藝術家都是瘋子!"一個女生輕聲地總結一句。我忍住沒有吱聲,默默地打到下一張幻燈片。不過我在心裡大聲地喊道:梵高,你不是瘋子——1998年中國某大學課堂。

　　梵高的確不是個瘋子,儘管他患有精神分裂症。梵高好像一直活着,活在他的畫裡,活在人們的意識中,儘管他37歲就在他寫生過的麥田裡自殺。一個世紀前,許多人不理解他,因為他表達情感的方式遠遠超出了當時普通人所能理解的程度。一百年後的今天,人們普遍地讚美他、崇拜他,卻又忽視了他作為一個普通人的情感方式和與今天的我們相比更純樸更直接甚至有些刻板笨拙的性格。

梵高:《蘭格羅橋》(1888)

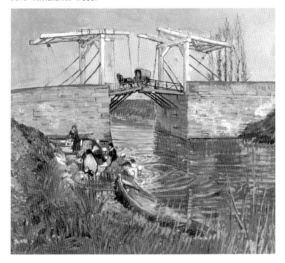

其實，沒有比梵高更理性的了，尤其在他構思經營他的畫面與表達的效果時，他清楚地知道他在畫什麼，在表達什麼，應當怎樣去畫，正如他在一些給友人的書信中所顯露的那樣：

此刻，我被盛開鮮花的果樹——粉紅的桃樹，黃白色的梨樹——所吸引——在這種情況下，我有目的地誇張黃色和藍色……

我試圖以紅色和綠色去表達人的可怕熱情。

……如果我非常平靜地畫畫，美的主題就會自動出現；真的，最重要的是要在沒有預先作出計劃和沒有巴黎人的偏見的情況下，到現實生活中去積聚新的力量。

好了，我們會發現，要理解梵高的藝術，最重要的不是把他異化(另類化)，也不是神化，而是真正把他當作一個普通人走近他。如果說梵高確實表現出了異乎尋常的行為與性格，比如割下耳朵送給一位姑娘，比如最後開槍自殺，那只是因為他對生活的渴望和對愛與責任的珍視比我們中的絕大多數來得更強烈而已。

梵高出身於荷蘭資深畫商家族，直到27歲才潛心於繪畫。在此以前他做過畫店職員和傳教士，還到礦區鄉村佈過道，他一直想要實現對這個世界、對上帝所負的責任，最終他投身到藝術中去，帶着宗教般的強烈感情去作一名畫家。他特別喜歡米勒

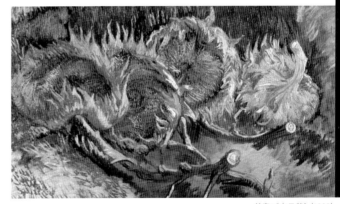

梵高:《向日葵》(1888)

梵高：《阿爾夜晚的咖啡館外台》(1888)

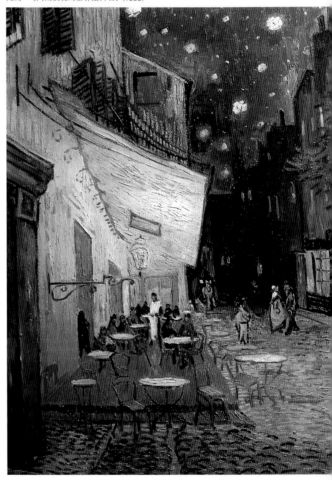

這樣的巴比松畫家，喜歡那些農民帶有深厚生活情感的作品，像米勒的《播種者》等。但他藝術上的成熟期直到客居巴黎才開始，在那裡他接觸了許多印象派畫家（當時尚處於未被社會承認的時期）。受其影響，梵高的調色板開始明亮起來。梵高就像一顆流星，在他生命的最後兩年劃出最輝煌的軌迹。1888年他離開巴黎，以後剩下的大半時間他都是在法國南部的阿爾作畫。幾個月內梵高迅速成熟，達到他繪畫事業的頂峰。他勤奮多產，幾乎不停歇地寫生、創作。幸虧他有一個好弟弟提奧經常資助他，否則梵高早就餓死、病死了。阿爾地區地中海式的陽光燦爛而近於瘋狂。梵高擺脫了巴黎畫家朋友們的影響，構築了他金色的世界。也許是長期受陽光照射的結果，梵高的精神分裂症嚴重了，最終死於療養院。

　　至此我們遠遠地了解了一下梵高的情況，其實不了解這些你也能看懂他的畫。因為梵高畫的不是別的，是人的精神。

視覺魅力

　　筆法——典型的梵高筆法是條狀、散塗的，往往一筆塗上去就是厚厚的顏色，筆觸和筆觸之間

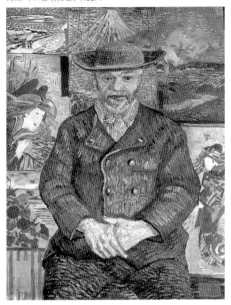

梵高:《坦吉老先生》(1887)

不加融合,而且色相鮮明。這種筆法顯然受到印象派的啟迪,但最終卻滌盡了印象派那種優雅輕鬆之感而加進了自己的力度和厚度。

造型——梵高常常提到日本浮世繪版畫,他鍾愛東方的平面裝飾效果,以及版畫中富於變化和韻味的輪廓線。為了強化自己的精神表現,梵高加強了寫生中主觀的作用。一切事物在他的眼中,都依照自己的性格和要求發生了輕微而有力的扭曲和變形,和他的色彩感覺一起構成自己的世界。

色彩——補色、純色是梵高從印象派那裡據為己有的色彩造型方式。雖然梵高也是寫生,但他與其說是在觀察、摹寫自然,不如說在領悟、創造自然。在他所有成熟期繪畫中都能看到一個大寫的"自我"。印象派軟綿綿的抒情曲在此變成一種深刻有力的吶喊,一種無法言表的精神的顫動。金黃色、深藍色、橙色、綠色、紫色,梵高鍾愛的這些顏色,在畫中彷彿是凝固而孤獨的聖者,象徵着光輝、生命和永恆的神秘。為了創造東方繪畫式的簡潔和有力,梵高還喜歡用黑色或深色勾畫邊緣。我們看到了表現主義的部分特徵,畫家通過描繪萬事萬物,直抒胸臆,並不一定要借助自然中的某個主題形象。

畫家性格變成第一位的、最直接的視覺特徵,有時近乎抽象,但比抽象加載了更多的主觀情感。

就像每一個個體生命有其生長的過程一樣,梵高的藝術道路也有其明確的成長軌迹,從"吃土豆的人"到"靴子",從"柏樹"、"星空"到自殺前最後一張"麥田",他一步步擺脫他人的影響,走進表現自我、再造世界的精神空間。以梵高為代表的新一代畫家被稱為"後印象主義",他們超越了印象派對客觀事物拘泥不放的局限,走向更加自由的繪畫空間。

梵高:《星空》(1889)

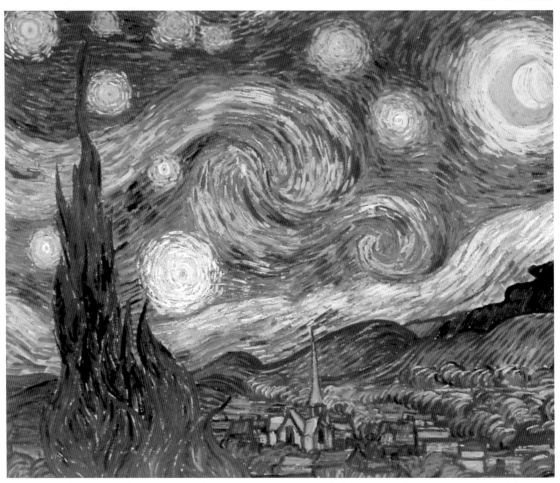

2 第二個評價

"然而他究竟是什麼?他是高更自己,一個野蠻人,他痛恨在哀嘆的文明,他是一個嫉妒造物主的塔希堤神,他利用自己的空閒時光從事着他自己的可憐創造,他像一個打碎自己的玩具然後又重新進行組裝的兒童,他公開發誓蔑視一切,寧可把天空看成是紅色,也不看成是下面有人群的藍色。"斯特林堡給高更的信中這樣寫道:"……一路平安,大師;可要回來看我。那時,也許我將學會更好地理解你的藝術……至於我,也開始感覺到非常有必要成為一個野蠻人,並去創造一個新世界。"簽上自己的名字,斯特林堡用吸墨紙把墨吸乾,透過素雅整潔的信紙他彷彿看到高更正以狡黠而尖刻的目

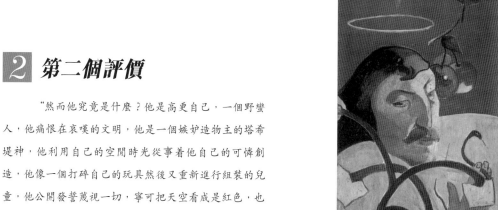

高更:《自畫像》(1848)

光看着自己,似乎在說:"你的文明教養和我的原始性格之間存在着衝突。文明教養之於你是痛苦,而原始性格之於我卻是回春。"

——改編自作家斯特林堡給高更的信,1899.1

一個野蠻人?如果你能理解19世紀歐洲人對自己的工業文明成就有多麼地自豪和驕傲,你就能理解為什麼有那麼多的評論家和文人在高更的畫面前提到野蠻人的問題。像斯特林堡那樣偉大的文學藝術家畢竟是不多見的。然而今天,我們中國人再看高更的作品,除了親切和神秘之外,還能覺察到高更作為19世紀末一個歐洲覺悟了的人的理想——用智慧和直覺

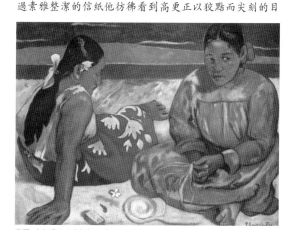

高更:《大溪地少女》(1891)

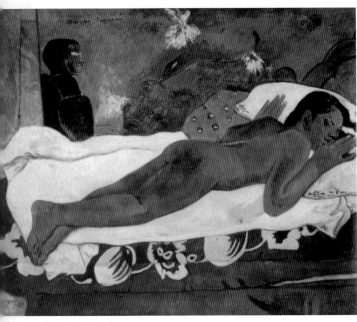

高更：《幽靈》(1892)

去改造被西方工業文明摧毀了的自然和真誠。

　　高更和他的朋友梵高保持着一種奇怪的關係，既有友誼、理解又有無窮無盡的爭吵。高更是個自信而狡猾的人，足夠對付老實而固執的梵高。他常常挑起一些有關藝術的爭論，最後往往折騰得梵高心煩意亂。在1880年代，這種文藝爭論在法國的藝術界空前地繁榮，畫家、詩人、評論家、音樂家積極地參與到對藝術及其發展的討論中，巴黎有一些很有名的咖啡館每天下午坐滿了高談闊論的藝術家和文化人。離開這種活躍而自由的空氣，我們就無法理解為什麼當時最偉大的現代畫家都居住在巴黎或者曾經在巴黎發展與成熟了他的藝術。

　　儘管高更是一個巴黎人，他也曾積極地參與到這種關於新文化的討論中，但他最終發現他的理想無法在這種“日益墮落”的文明裡實現。他放棄了穩定而富足的金融界的工作，離開了他的妻子和兒女，離開文明，成為現代社會的第一個“野蠻人”。——太平洋波利尼西亞的塔希堤島藝術家。不過這位野蠻人從未真正脫離過文明，即使住在當時是法屬殖民地的海島上，他也保持着與巴黎藝術家朋友的通信，並且訂閱報刊。他也愛寫文章、寫

詩，他的畫裡充滿了詩的意象，所以他有時也被稱
為象徵主義畫家。

視覺魅力

　　初看高更的作品，我們立刻就會被強調輪廓
線的表現手法所吸引，這是一種帶有壁畫、版畫和
東方繪畫風味的造型處理手法，強調了平面的效
果。色彩賦予極為概括的形象以情緒和氣氛。高更
善於使用強烈的色彩對比。棕紅色的人體、綠色的
植物、紫色的衣衫、黃色的受光部分，效果十分強
烈。他的色彩體系主要是象徵性和裝飾性的，當然
也少不了來自塞尚和印象派的環境色觀念。在島上生
活最困難的時期，高更一邊與可怕的熱帶疾病作鬥
爭，一邊用有限的畫布和顏料作畫。由於缺少糧草和
彈藥，他的畫有時是畫在極為粗陋的麻布片上。大面
積的平塗是高更最常使用的手法，這種畫法往往被用
來作為象徵主義和裝飾主義典型的造型形式。

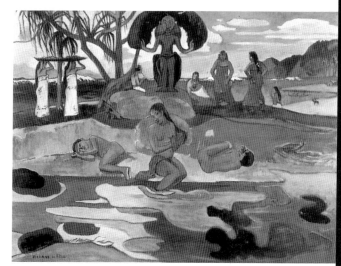

高更的塔希堤島作品充滿神秘色彩 (1894)

文化內涵

　　在高更看來，同樣一種美，比如夏娃象徵的
人性之美，文明社會的就太虛，不如原始一些的社

會自然深刻。文明社會的夏娃必須要克服文明的種種束縛，還要擺出一些"粗陋"的姿態，才能獲得生命力，因為文明束縛了生命的活力。而高更畫出夏娃(塔希堤婦女)能夠面對文明人的凝視而合理地裸露著，她們自然、美麗，與生活和自然界和諧相處。這種原始性既是對過去工業文明的批判，又是對將要到來的世界性文化的前瞻。高更有很大的理想，他不迴避自己對意義的追問。晚年他製作了一張巨大的油畫，冠之以一個神秘而充滿哲學意味的名稱：《我們從哪裡來，我們是誰，我們到哪裡去？》高更是一位象徵主義畫家而不是一位浪漫主義的比喻畫家，在象徵和比喻之間還有一些差別。象徵含意更廣，所採用的象徵物是藝術家對更帶有普遍性意義和價值的頓悟。由於是頓悟就不能靠日常的、客觀的邏輯來判斷作品中表現的內容，就像一句最常聽到的古詞《天淨沙》："枯藤老樹昏鴉，小橋流水人家。夕陽西下，斷腸人在天涯。"詞裡只有一些名詞組成的形象，但當這些形象"枯藤"、"老樹"、"昏鴉"、"流水"、"夕陽"和思鄉遊子組合在一起時，互相之間就自然產生一種意味、一種有力的象徵性的結構。同樣，高更的人體、水果和味

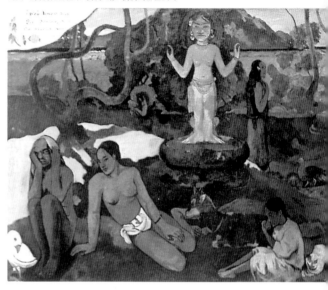

高更：《我們從哪裡來，我們是誰，我們到哪裡去？》

道獨特的構圖和色彩、筆法組合一起，就構成了他對人類生存意義的一種神秘主義的終極式的追問。就像一種新的宗教，喚醒人們通過回到原始、回到純樸來找回文明世界中失落的永恆。從這個意義上說，高更又是一位孤獨的理想主義者。

傳統淵源

高更是一個反傳統的畫家，他反叛的是19世紀歐洲僵化的學院派藝術，也找回了早期印象主義畫家由於過於迷戀瞬間視覺效果中美麗的光感和色彩

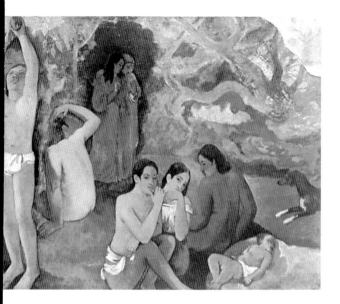

如何欣賞

一個初次接觸高更作品的人也許會有這樣的印象：畫中的形象簡單，手法也比較雷同，而且刻畫得比較粗野，一點也不優美。也有些人開始時會接受不了高更的色彩，雖然色彩強烈，但並不明快，而有一種沉重和神秘莫測的效果。我想，這些感受應當是合理而真實的。但如果鬆開我們思想裡對美術原有的一些綁得過緊的結，就會更好地理解高更的藝術。這些想法的產生是由於欣賞者預先設定了一個美術應當"漂亮"、"好看"的功能性定義。實際上美術不僅傳遞優美，更重要的是一種精神的表現，有時為了表現得真誠而直接，必須犧牲掉一些三流美術作品中常見到的阿諛奉承式的虛假的優美。另外美術家總是根據自己的個性來尋找一種表現形式，不同的時代，不同的畫家在不同的時期，都會有自己造型和技法趣味上的不同追求，有時是西方人學東方，有時是東方人學西方，有時又是撿起幾百年前的藝術風格津津有味的借鑑，這一點也不用奇怪。所以對陌生畫家陌生的風格不但不應因為不習慣而抗拒，還應加以格外的注意（是注意，而不是不喜歡裝喜歡）。其實某個欣賞者不喜歡某

感，而失去的堅實的造型與深刻的精神性。另外，他被東方文化中充滿神秘和魔力的裝飾性與象徵性的效果深深的吸引。不論是太平洋海島居民的裝飾藝術和巫術，還是浮世繪與中國繪畫的平面韻味，他都極為喜愛，並且很鮮明地揉進自己的創作中。在當時，歐洲中心論正處在它的頂峰，高更能夠清醒地意識到其他民族、地域文化所具有的價值，和歐洲資本主義文明所帶有的危機，憑的是一個藝術家天賦的直覺和追求真理的良心，確實難能可貴。

種畫法是他的權利，就像畫家有權無視他人喜不喜歡自己風格一樣。這樣，藝術才能發展。儘管這種情況並不總是發生在每一個畫家和每一個欣賞者身上，因為一般來講畫家總有些能夠欣賞他作品的人，只要他是真誠地表達情感，有效地組織畫面的話。藝術的獨立性和它所帶有的社會性，本來就是相互依存，又互為矛盾的一對共生體。至於有些人對高更的色彩不喜愛，是一種生理上的直接反應，你並不需要改變自己，也許作者正是要帶給你這樣一種原始、"野蠻"的感覺。在多次接觸這些作品之後，你會習慣並且理解作者從心底裡發出的強悍的吼聲，你聽不見，卻能清楚地看見。偉大的藝術只靠一兩次欣賞往往不見得能深刻地感受到，可能需要多次反復地咀嚼。這也許就是當下流行文化缺乏偉大的藝術，卻不乏美味而實用的快餐藝術的原因。

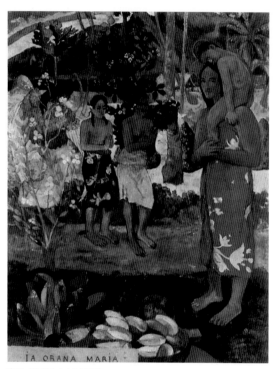

高更：《大溪地少女》(1891)

蒙克:《自畫像》(1940)

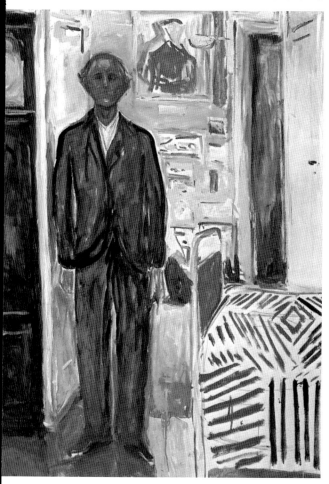

3 第三個評價

"我已看膩了那些《室內景色》、《閱讀的人》和
《編織的婦女》之類的畫,我要描繪有呼吸、有感情、有
痛苦、有幸福的真正的活生生的人。欣賞這些畫的人將
懂得這是些神聖的事情,他們會摘下帽子向他致敬,如
像置身教堂一樣。"

——愛德華·蒙克在1889這樣說道

蒙克和梵高、高更一樣都有一種崇高的社會
感,我指的不是柯勒惠茲(一位德國女畫家,魯迅
心中的英雄)那樣的革命精神,蒙克沒有那麼透徹
的階級觀念,而是藝術家所具有的對社會關注的深
度和廣度。他們要表達對時代的感覺。蒙克在他的
藝術中也確實抓住了時代的特質,不過他是通過發
掘自我、感受自我來發現整個社會的刺痛之處的。
蒙克一生多災多難,他的童年時代幾乎一直生活在
死亡和病魔帶來的恐懼和憂傷之中,家裡的親人接
連在他眼前死去,他那美麗可愛的妹妹也患上了不
治之症,經歷長期病痛的折磨後,也不幸憂傷地離
世而去。這一切深深地刻印在蒙克的心中。同時,

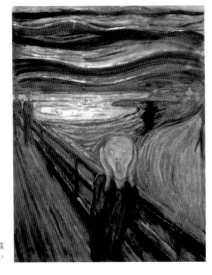

蒙克：《吶喊》(1893)，蛇般彎曲的線條加強了作品驚恐、緊張的氣氛。

現代社會產生的文明危機，比如人與人之間的隔膜和虛偽造成的孤獨與冷漠、物質時代對人精神的壓抑、人類面對的各種誘惑、心靈深處惡的本質、城市的冷酷和貪婪，與蒙克對自我內心的分析解剖結合在一起，匯聚成蒙克表現藝術的核心。這是一種勇氣、一種直面人生的悲苦、人性複雜的深刻與敏感。

忘了介紹蒙克的身世，他是北歐挪威聞名世界的第一位大畫家。青年時代就表現出了卓越的繪畫才能，在美院作學生時畫的一些習作至今還很耐看。後來，他遊歷了歐洲大陸，受到印象派和後期印象派的影響，並最終與北歐民族特有的理性與表現性融匯成蒙克有開創性的表現主義畫風。

視覺魅力

蒙克作品有非常獨特的視覺魅力。被強調的輪廓線和誇張變形的表象，使現代社會中人與人的隔膜感和精神危機躍然眼前。他常用長條形的筆觸勾畫輪廓，筆上的顏色濕潤而豐厚，這樣可以畫出比較長而流暢的線條。輪廓線經常是重複的，就像音樂中反復出現的主旋律，得到一種強化效果。最典型的蒙克作品是簡約而強烈的表現主義繪畫的代表。蒙克的色彩觀念在年輕時顯露出印象主義的影響，但成熟期作品的色彩結構接近象徵和表現。

色彩的象徵在梵高和高更的畫裡是經常見到的，高更更是明顯。象徵我們已經大略談過，它更接近寓言而深於比喻，是一種帶普遍性的集體深層意識的體現。在色彩的本性中其實就包含着象徵性。在不同信仰與文化的不同民族裡，同一種色彩會有不同的象徵意義。比如白色，有些民族認為是純潔、神聖，有些認為是死亡與不祥。但這種民族性的色彩象徵不適合分析蒙克的畫，因為蒙克的色彩象徵來自於表現自我的內心世界和感受,因此是有個人特徵的精神象徵。黑色、紅色、冷綠色在蒙克看來都是某種精神刺激的象徵。

蒙克作品的視覺魅力還來自構圖,他常常把與精神表現相關的事物以超時空的方式置於一個空間,就像戲劇舞台,有台上的表演,也有旁邊解釋劇情和報幕的旁白人,像他在《妒嫉》一畫中所表現的那樣,甚至還有觀眾,即畫家虛擬的我們這些看畫的人。他畫中的人往往以明顯的姿態面向觀眾,由於深層意識被流露、掩飾、隱藏或者揭發而顯出

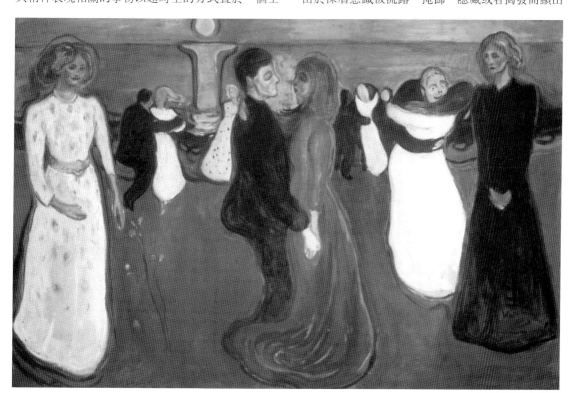

蒙克:《生命之舞》(1899)

蒙克:《聖女》(1895)

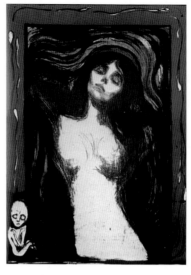

痛苦、驚愕、害怕與麻木等等不
同的姿態。

文化淵源

儘管當時的挪威首都奧斯陸
與巴黎相比還像一個小城鎮,但
資本主義工業化所帶來的一切社
會問題都顯露出來。挪威當時出
了許多文學藝術家,如易卜生、
斯特林堡等,他們和蒙克都非常熟,而且在研究方
向上也有共同之處,即關注人的心理狀態。人性問
題超越了其他問題而成為最受關注的事,善是什
麼、惡是什麼、青春是什麼、死亡是什麼,蒙克不
停地自問,不停地用直覺表現在畫布上。也許這正
是北方高緯度民族常常表露出的歇斯底里似的極度
理性的思考方式。

主題

蒙克描繪的主題前面已經提過,即人性或説
心理狀態。但這些詞"人性"或"人的精神"是非常抽
象的概念(尤其當我們用語言文字談及它們時),而

蒙克提供的是他個人所感受到的
"形象"的力量。藝術作品表現的
是藝術家個人獨特的感覺,但卻
是對普遍人性一針見血的揭示,
而有能力揭示人性的畫家並不多
見,這也就是蒙克被稱為表現主
義大師的原因。蒙克描繪的對象
都是常見的,但又是獨特的:街
道像一條地獄中的河,行人像一
群帶着面具的演員,天空像閃着神秘之光的銀幕,
而人物的表情彷彿處於一種等待被人發現真情的冷
漠中。蒙克也常把神話、宗教尤其政治生活中的一
些關係隱晦地藏進畫面。不過最後我還要強調一
點:蒙克的偉大不光在於他能表達出以上所述的那
些內容,更在於他表達的總是那麼清晰、生動而富
含真實的情感,實際這就是愛,一種源於蒙克純靜
善良本性的愛。不管是梵高、高更還是其他表現主
義畫家,不管他畫的東西多麼可怕、難看,手法多
麼直接、粗野,他們內心深處都藏着這樣一種強烈
的愛,對生命、對人類的關心。也許正是這種愛和
關心總是受到壓抑和扼殺,人性總是被社會扭曲,

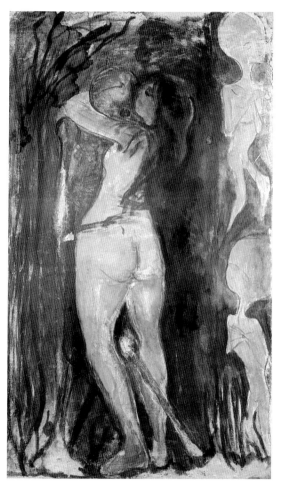

蒙克:《少女與死神》(1893)

表現主義者才會選擇如此強烈的方式來吶喊出他們的所思所感。

如何欣賞

　　不了解表現主義的人首次接觸這類作品，往往會為畫中有力(有時甚至可怕)的內容和形式所震動而感到不知所措，甚至會厭惡和躲避，這時一定要耐下心來細細體會生命進行過程中人可能經歷的痛苦與掙扎、矛盾與歡喜。你不要害怕，成熟的人才會有勇氣面對這種狂放和坦白。表現主義藝術為了表達更加強烈的感情不得不運用誇張變形，我們應當為這點而感謝藝術，因為它給人類提供了一個宣洩、表達、溝通和理解的窗口。打開窗口，不要輕易關上心靈，儘管看見的東西可能使你不愉快。真正喜歡藝術的人，不僅喜歡那些讓你愉悅的東西，也能喜歡那些不會討好人的感官、卻能打動人心靈的藝術。其實當表現主義的繪畫真的打動了你的心靈，你的感官必將神奇地把這些粗野的筆觸與色彩看成世上最美的彩虹。

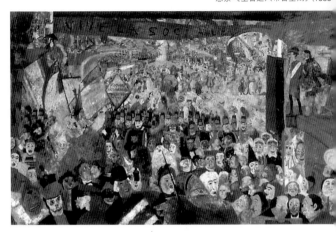

4 表現主義名家風采

　　表現主義作為一種藝術思想與手法,由來已久。在現代美術運動中,上述三位藝術家都可以說是表現主義的先驅。而美術史上常提到的表現主義畫派,有以德國橋社畫派成員基爾希納、赫克爾和羅特路夫於1905~1911年間在德國德累斯頓創造的一種新型德國藝術。他們都不是學藝術的學生,本業是學建築的。當他們組成一個藝術小組,稱為橋社時,只是租了郊區一個空置的肉店作為畫室。野獸派(我們下一篇將詳述)畫家曾給他們一些繪畫形式上的啟示,但他們主要還是用自己的探索和思想去

塑造"新型的德國人"。這種理想將通過藝術的改造實現。"德國藝術的創造活動根本不同於拉丁藝術的創造活動,拉丁人模仿存在於自然中的客觀物體構造藝術形式。德國人根據幻想,根據他獨自的內在想像創造藝術形式。視覺感受到的自然形式只對他起到象徵的作用……,他尋求的美不在物體的表面而是在其深層。"這裡的拉丁藝術,大概指的是像法國藝術家那樣通過感官和現實結構發現美術之理想的藝術。

　　基爾希納和他的戰友們的作品非常接近,那就是強烈、直接、不加掩飾地表達對現存文化的批判。他們的作品中總是存在一種危機,尤其在描繪城市時。

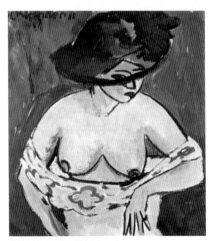

基爾希納:《戴帽的裸女》(1911)

德國表現主義繪畫把觀者帶入了一個幻覺世界，人體和肖像的比例外形超越了解剖學的範疇；畫面色彩並非依照日常生活中的色彩關係去構成，而純粹依照營造心理和精神氣氛的原則。由於基爾希納等人沒有學院訓練出的刻板的美術規則，他們非常自然地進入了一個純表現的創作狀態。不去管畫布高級不高級，不去管造型完整不完整，也不去管作品能否出售或被專業評論家接受，一切都不重要，只有畫中傳遞的精神、對文化的深刻批判和強烈的氣氛才是最重要的。他們經常用意想不到的強烈色塊去"直接"轟擊人的視覺。為了加深造型的變形效果，基爾希納和赫克爾用深色的僵硬線條勾勒形體邊緣，獲得了一種粗糙率真的效果。由於畫面形式的完美完全從屬於精神的傳遞，而他們傳遞的精神又更像是一種苦難和思索中的啟示，所以簡約和意到為止便成了作品完整與否的新標準。按照這種標準畫出來的畫，可能只是寥寥數筆，也可能還裸露着粗粗的畫布和底色。直覺、直覺，抓住直覺，把它傾洩出來。表現派畫家感人之處正是這種先天下之憂而憂的對"人類"命運的直覺把握和毫不掩藏的外露。在我看來，他們像中國文人畫家一樣，憑直覺和文化意識去感受與表現人和環境的存在狀況及意義。表現主義的其他名家還有諾爾德和柯柯西卡等。

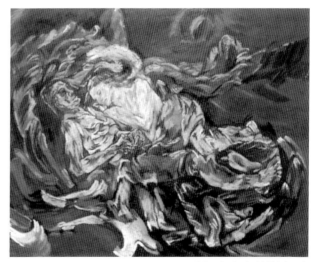

柯柯西卡：《風中的新娘》(1914)

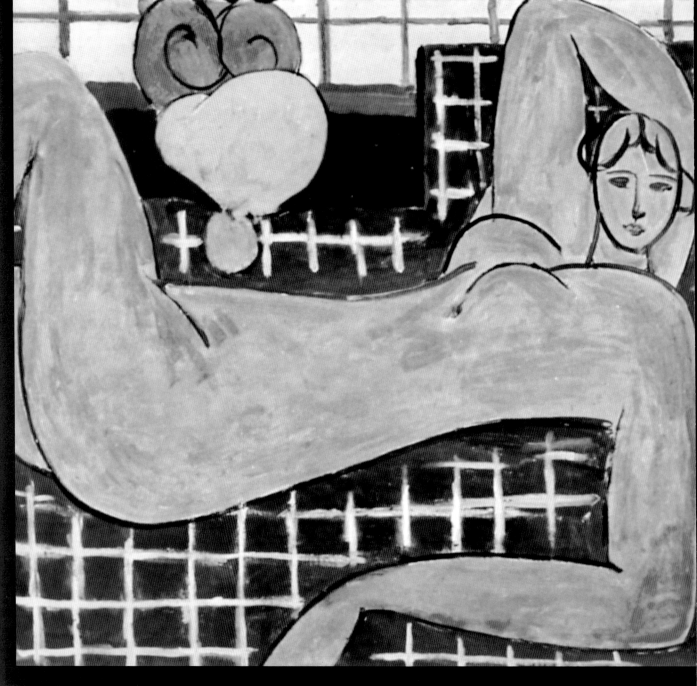

純　　　　美　　　術

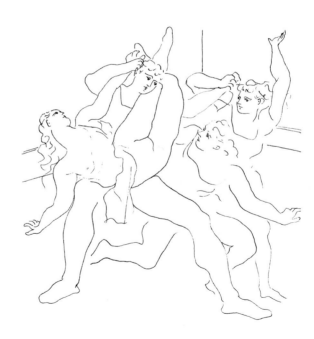

純美術被功利性的美術逼到了成名的地步，一個純粹的人也能被自己的慾望改變嗎？……

1 內容和形式

　　從下面的文字和圖片中，我們將拜訪一些很"純粹"的美術家。他們非常專業，且很熟悉所從事的職業所應具備的常識，而且他們都是有個性的人，不喜歡總用過去的方式辦事。

　　把這些藝術家放在一起，是因為他們的研究方向和作品有助於我們理解美術這基於視覺的造型藝術有多麼大的潛力和空間，它並不是隨便模仿和淺顯的訓練就能夠掌握的技能，而是一種需要不斷改變、不斷探索的奇怪而有趣的行為方式。

　　很久以來，談論一件美術作品就有形式與內容之分。一般地講，組成一件作品的物質基礎，以及作品中各種元素之間的組織結構，可以稱之為

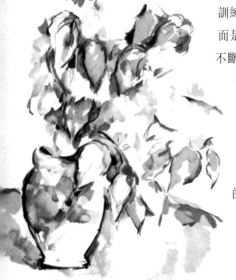

塞尚：《鬱金香》（1890）

形式。而作品的主題、畫家要傳遞的文學性的內容、畫家要表現的情感以及來自模仿或純屬虛構的形象，可以稱為內容。

　　打個比方，這裡有一張靜物油畫，它由畫布、顏色和塗在上面的形象組成。毫無疑問這是一件物體，但它又是一件繪畫藝術品，因此我們就不能用"亂七八糟"來形容畫布表面上的顏料。在某種秩序和規律安排下，顏料變成了色彩，它們不再是紅、藍、黃等等的礦物色粉加媒介劑，而是一種動人的色彩效果。而由這些色彩組成的形象成為我們輕易就可理解的東西：蘋果、器皿或桌布。這些形狀也呈現出了一種藝術品才具有的特徵：表現性的效果。不是簡單的"呈現"，而是"表現"。這些能使我們在知覺時產生這一種而不是那一種效果的東西就是形式。換句話說，形式就是組成作品效果的物質結構方式。內容通常是指作品的主題、題材和意味，就像要給一篇文章或插畫構思出內容提要那樣。在美術中，內容往往被美術家直接理解為一種視覺效果，一種心理情感。這就是美術作品內容上的複雜性和不可言說性。最常聽見的說法就是"畫面說明了一切。"

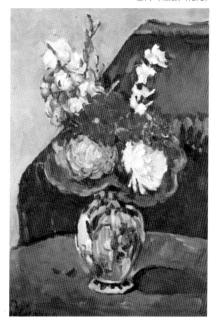

通常的説法是：藝術家要表達的某種意思、觀念，決定了作品應採取何種形式，也就是文藝評論家常説的內容決定論。但這僅就一般情形而言。本篇所涉及的藝術家們可能更喜歡談論形式本身，更喜歡把形式的效果當作美術的內容。

在某種情況下，形式和內容的劃分是無意義的，就像雞生蛋還是蛋生雞的老問題一樣。它們之間可以互相轉換，是不可分割的統一體。比如可以説，某幅畫的色彩和筆觸正是此畫的全部內容，而畫中的形象，比如一個人的肖像，可以成為表現某種色調的形式 (像一張肖像畫裡某位青春少女臉上充滿活力和皮膚光澤的桃紅色)，我們怎能把兩者分開呢？許多藝術家都了解，靈感來臨的一瞬間，往往是形式和內容同時出現，兩者密不可分、沒有先後。

但換一個角度看，當我們想在美術家之間作比較時，把內容和形式分開又是一種有效的方法。比如同樣畫一堆蘋果，甲畫家和乙畫家可能採用的是兩種完全不同的形式，由此形式的解讀，才能準確理解其真正要表達的內容。所以對於下文中的職業畫家們，學會用形式主義的眼光去打量他們是有

益的。先擱置他們要表現的情感，集中火力攻下他們對形式所設的概念堡壘，是理解現代美術中至少一半藝術品的關鍵。

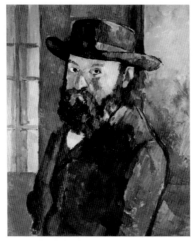

2 塞尚

　　讓我們先拜訪一位最偉大的職業畫家，被譽為"現代美術之父"的法國人保羅·塞尚 (Paul Cezanne, 1839~1906)，看看他是怎樣體現自己的專業素養的。

　　聽聽他規勸年輕人努力實踐的一段忠告：

　　"畫家應該全心全意地致力於對自然的研究，應該努力畫出一些有指導意義的畫。空談藝術，幾乎是徒勞無益的。蠢材們不理解我們，這不要緊，只要我們的藝術在進步，只要我們在努力，這就夠了。

　　"文學作品是以抽象概念來表現的。而借素描和色彩的手段組成的繪畫，則給畫家的情感與觀念以具體的形式。我們對自然可以不必太細緻、太誠實，也可以不完全順從；我們多少是自己模特兒的主人，尤其是自己的表現手段的主人。對你眼前的事物要做到心中有數，然後不斷地、盡可能符合邏輯地表現你自己的看法。"

　　——致愛彌爾·伯納爾，保羅·塞尚1904年5月26日

　　不用我再囉嗦，塞尚已經說得很清楚了，畫家的任務就是研究畫，同時要有自己的理解和方法。他是這麼想的，更是這麼做的。

　　塞尚家裡挺富有，他可以不用出去打工掙錢，也不用靠賣畫過活 (儘管當時若有人要花十幾個法郎買他的畫，他準保會感動得流淚)。這是一位孤僻而執着的隱士，他在家鄉埃克斯地區度過了他的大部分繪畫生涯。

　　要說清塞尚的繪畫意義有多大、意思有多深，靠我這枝筆是絕對不可能的，而且咱們這本小冊子容量也太小了。我們只能稍稍走近這位奇怪的畫家。

　　塞尚的超凡之處很多，我最欣賞的是他的理解力、觀察力、對真理的執着嚮往以及作為一個職業畫家的職業素養。他有異於常人的理解力。我這裡的"異於常人"並非說他具有莫扎特式的超常天才，從塞尚的早期作品看，他其實很笨、很拙。我指的是他的理解力非常深刻。他很沉靜，這種沉靜

能使他領會自然中更多的內涵。他觀察事物非常細緻，又不局限於某個局部。塞尚能夠從他眼見的事物中導出一種規律，這就是他的美術觀念。所有的繪畫都有觀念，塞尚的觀念可貴就可貴在，這是他的觀念。由於他具備強烈的自我意識，才稱得上是個現代畫家。在我看來，他首先是用繪畫來認知世界的學者。

塞尚觀察之精細、深刻是出了名的。畫肖像時，他要求模特兒像蘋果似地一動不動，搞得許多人都不敢再給他作模特兒。也難怪他畫得最多的是水果靜物和風景。他還有反復修改畫面的習慣。修改不是普通意義上的改錯，而是更加趨於完整，更加符合理解的深度。從表面上看，他的畫都很粗糙，有的地方還露着畫布，似乎沒完。實際上，這是因為他關注的東西更多地在於另一種完整：理解與觀念的完整。

他有一股對真理的不懈嚮往。深刻的理解只是手段，對帶終極性的真理的追求才是其中的核心。這種真理，一部分來自塞尚最推崇的盧浮宮古代大師們的傑作，一部分來自於他的觀察和領悟。在他那雙追求真理的眼睛裡，看見的不是一個普通的蘋果、一張普通的臉，而是與周圍存在着的空間緊密相連的一種普遍性的物質結構，即存在物的本質。

他的畫裡沒有絕對的主體形象，模特兒的一張臉和他周圍的空間是一樣重要的。因此看出，塞尚的繪畫觀念是一種結構觀念。他在印象派的基礎上，突破了西方傳統的繪畫觀念。不再強調虛擬的三度空間，那種看起來"像真的似的"效果，而強調繪畫的平面空間，讓繪畫像建築一樣"永恆結實起

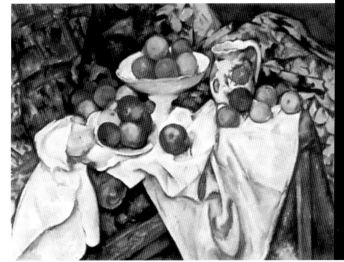

塞尚：《靜物》(1895)

來"。為此他專心研究了透視和平面構圖的法則。他的畫看上去總是結結實實的,他要用這種結構法則,使印象派過分注重感官偶然效果的畫,變得像古代大師的作品一樣永恆。

這是一種對古典的嚮往,卻通過非古典的手段實現。因為"繪畫不是追隨自然,而是和自然平行地工作着"。

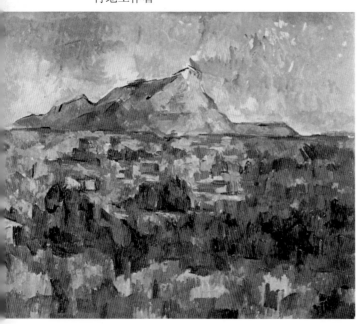

塞尚:《聖維多山》(1904)

塞尚雖然嚴格按照寫生的方法,使其作品與"被畫的對象"聯繫在一起。但他只是將模特兒作為一種色彩印象,更重要的程序在於將這些印象按照純美術的"邏輯"重新組織起來,從而得到一個與自然平行的真實結構。這就是繪畫的自我顯現。

如果說印象派感悟到了繪畫的原子和分子,塞尚則將這些鬆散的顏色分子凝結成美麗而堅實的晶體結構。

很遺憾我不得不講這些難纏的道理,因為不涉及到這樣的深度,我們就根本談不上對現代藝術的欣賞。也許這樣會打碎讀者朋友們心中原存的對美術的"令人愉悅"的"裝飾生活"的美好印象,使它變得艱澀和深沉。這是沒有辦法的,最好、最深、能夠影響人類意識和靈魂深處的一些偉大的東西,值得也必須使那些想要得到它的人們付出更多的心力。能使你愉悅的一般性美術品很多,我們去傢具店、畫廊、百貨公司,看圖書、電視、廣告都能獲得一些帶來視覺快感的裝飾畫和圖片。但先感動思想和心靈,再感動眼睛的作品卻是不可多得。這也就是它們為何能被選中進入這本書的原因。有一種說法,鑑定一件藝術品是否屬於純藝術的特徵,是

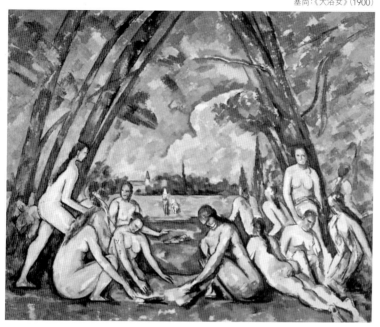

塞尚:《大浴女》(1900)

把作品從一個地方移到另一個地方,比如從博物館移到書房或客廳,再移到市政府,這件作品依然保持它的魅力和感染力。它就是"純"的藝術,而不是裝飾的。

　　人們對塞尚的藝術可能會有這些評價:畫中的物體變形了,和古典繪畫的透視效果剛好擰過來,比如一個圓盤子成了扁的,空間也顯得矛盾。還有就是形象蠻醜的,線條挺生硬的。以他晚年集大成的《大浴女》來説,很多人都覺得很難進行"審美"。可這幅畫卻是現代美術運動後來的大師們普遍喜愛甚至崇敬的作品。的確,塞尚是一個難題,也許還未達到中國的普遍欣賞者真正能接受他的時候。不過不要緊,多多接觸美術作品,盡量摒棄自己腦中的藝術偏見,如果可能的話,拿起畫筆臨摹一張試試,你總有一天會突然發現自己已經喜歡上這些看似笨拙實而奇巧的作品。

3 立體主義

　　立體主義 (Cubism) 的主要人物有畢加索和勃拉克。

　　受塞尚影響的畫家、畫派很多，立體派就是其中一個最典型也最具影響力的畫派。

　　畢加索（Pablo Picasso, 1881~1973）這位20世紀最有代表性的藝術家，也是一位難以詳述、難以真正接近的人。因為他是那麼地複雜和多變，也是那麼地才華橫溢和怪異頑皮。也許人們熟知的，只是他在成名後的一些風流韻事和突現其性格的奇聞，對他藝術上的觀念和成就卻很少有較深的了解。實際上，在他所從事的繪畫事業上，他是一位最嚴肅也最聰明的實踐家。

　　說他是20世紀藝術家的代表，並不為過。這不僅因為他藝術生命

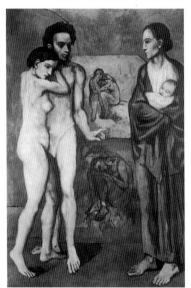

畢加索的藍色時期繪畫 (1881)

很長，壽高而多產，還由於他親身參與並引導了開創性的立體主義運動，更由於他的身上具備有20世紀特有的典型性人格：現代藝術家人格。一種正視自我，尊重自我個性、不重複歷史的創造性人格。靠着這種人格，畢加索摧毀了舊的造型體系，帶給世人瞠目結舌的畫面。

　　不過畢加索還不等於是立體主義。因為畢加索太多變了，他總有自己的一套，畢加索少年時代就已經顯示他與眾不同的才華，到了青年時代，他嚮往着能到世界藝術的中心巴黎，並最終在那裡住了下來。不過當時巴黎人並沒有張開雙臂歡迎他。他住在一幢名叫"洗滌船"的廉價公寓房內，和一些同樣艱難的藝術家混在一起。這是一段貧窮艱苦的時光。在最窘迫的時候，他曾經燒自己的畫來禦寒。這時期的作品普遍帶有極冷的藍青色調，一般稱之為畫家的"藍色時期"。藍色時期肖像主題多是下層貧苦階級的。後來，巴黎的畫商開始注意這個不太尋常的西班牙青年。畢加索漸漸走運起來。隨後的畫面風格也轉向溫暖的玫瑰色時期，後來還有復古的黑人時期和古典時期等等並一直將個人風格的不斷轉變延伸到生命的最終。

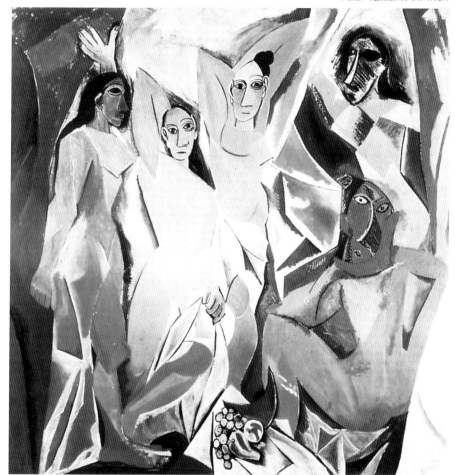

現在想來，20世紀早期產生的這位大師是多麼奇特的一位藝術家，他精力充沛，機智而頗具鋒芒。他敢作敢為，從不顧及他人的看法，他常常扮

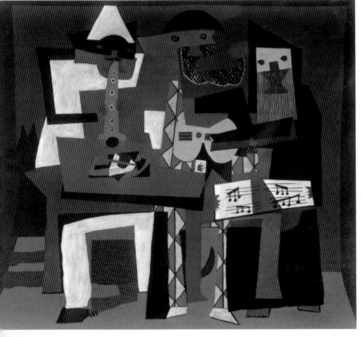

畢加索：
《三個音樂家》
(1921)

演一個狡猾而易變的角色。他像一匹狼，把人強盛的創造力和生命力都充分地表現了出來。20世紀現代工業社會中，藝術家的人格核心 (其實也就是20世紀地球文化所造就的新一代文化人形象) 在畢加索那兒鮮明地濃縮起來。

畢加索真正成為最有影響的畫家，還是靠他開創的立體主義繪畫。一般公認的立體主義的第一張作品，就是他的《亞威農的少女》。這張畫所畫的幾個姑娘其實是亞威農紅燈區的妓女。主題也是西方古典的"美女大展覽"。賦予它特殊意義的只是畢加索的畫法和畫法中帶有的藝術觀念。畫中右下角那個肢體錯裂、奇形怪狀的人像就是立體主義的第一個維納斯。

前文說過立體主義繪畫法則脫胎於塞尚，又比塞尚走得更遠。塞尚還是站在一個視點，靠他雙眼的微妙差距來表達立體物體的"平面圖式"。立體派則完全通過主觀的理性篩選，把物體前後左右不同的知覺 (不同於感覺) 按主觀構想拼接在一起，更像是純為繪畫而作的一種構成。塞尚從未拋棄畫中可辨認的物象，還沒有破壞掉物體獨立的完整性。立體派則採用了一種把所描畫的對象打碎再重組的方法。在消除了對象的個體完整和永恆性之後，使其按照繪畫對色彩、平面和體塊的構成要求重新結體，至於對象的本初形象是否可辨，已經不是藝術

家要考慮的問題了。在一開始，立體派就是以這種破碎了的物體形象和平面構成出了名。這時期的名號是分析的立體派。

很快，真正偉大的革命來了，立體派由分析轉向綜合的立體派。這個不太好懂。因為書中的插圖大都是黑白的，而且看不出有拼貼的效果。實際在這幅畫中畢加索使用了真的人造籐椅紋理和繩索。拼貼手法的出現使觀眾在看畫時被迫放棄了從前的欣賞習慣。畫面中這一塊真實而具體實物暗示觀眾在想像裡把整個畫面也看作真實而具體的物質。這種物質性是真實的，不再被作為一種虛幻的、為了誘導情緒的感官效果。畫家現在是從抽象的各種元素出發，來達到一個物象了。在畫家運用造型的手段以前，這個物象不管在自然界，還是在觀眾心裡都沒預先存在過。這樣，造型美術就有了"無限"的可能性。無限的，

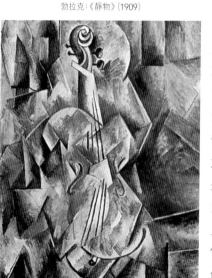

勃拉克：《靜物》(1909)

而且是專業的。

很難懂吧！用立體派畫家格里斯的話說，以前傳統的繪畫方式是那種散文似的，特別講究描述，現在的方式則是詩的，是讓"元素"直接呈現、"自覺"組合。

這樣，立體派以後的畫家就被解放，他們可以自由地處理造型手段，從中"找到畫面"。不管是用方元素、圓元素、平面元素、色彩元素、線條元素，都有可能找到富含詩意的畫面。這裡所有的元素都是能夠呈現自身的物質性的。比如一塊紅色顏料，塗在畫布上，它的物理特性沒有消失，它並不想被你理解成是一塊紅色綢緞式衣袍，它就是它，僅靠這點，就已經能有詩情畫意了。

這就是通俗版的立體主義解釋。其實畢加索和另一位立體派的掌門人勃拉克，也都未能說清立體派究竟是什麼。

德洛內:《艾菲爾鐵塔》(1901)

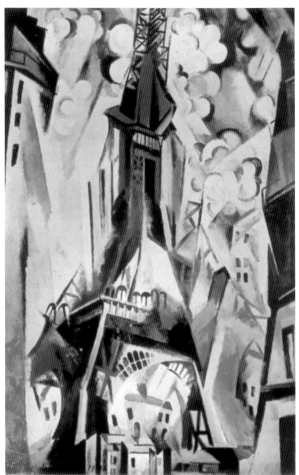

"繪畫有自身的價值,不在於對事物的如實的描寫。我問我自己,人們不能光畫他所看到的東西,而必須首先要畫出他對事物的認識。一幅畫像表達它們的現象那樣同樣能表達出事物的觀念。"

——畢加索

"人不應想把大自然已經完滿造成的東西再製造一次——人不應通過模仿那些消逝着的和變異着的,而我們錯誤地認為不變的東西來顯示真誠。事物本身並不存在,它們的存在是通過我們。人不應只是模仿事物,人須透進它們裡頭去,人須自己成為物。目的不是再現一個小故事般的事實,而是提供一個繪畫的事件。"

——喬治·勃拉克

勃拉克比畢加索執着,他一直在立體派的道路上走,而且為該派的成熟與發展建功立業。

這兩位幫主把許多有才華的畫家吸引到幫中,並最終成了氣候,搞成了一個立體主義運動。其中有影響的像德洛內、萊熱都是極好的高手。

德洛內的《艾菲爾鐵塔》讓我們看到了立體派的發展,很有繪畫的詩意性。塔身依稀可辨,但已被扭曲分解,與天空、房屋形成了一個交錯、楔接、互相影響、密不可分的多層整體。現代工業文明所締造的城市形象，和分裂、多層、共存的文化特徵，在此得到了最好的形象解答。城市中的陽光被各種物體反射着，傳遞出新世紀才有的力度和節奏。萊熱也是一位有個性的畫家，他把城市文明概括為一種符號、一種機械零件式的造型。他沒有像很多文人那樣排斥機器生產和工業化，而是轉身接受它、讚美它，把工人、工廠和機器當作詩意化的城市風景。瞧！立體派真正的影響在這裡：它把繪畫現代化了，不僅是主題，更是形式成為了內容的恰當載體，甚至是內容本身。

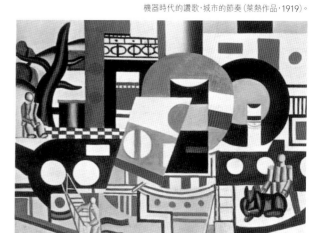

機器時代的讚歌，城市的節奏（萊熱作品，1919）。

如何欣賞

在不理解它的觀眾眼裡，立體派更像是一場不嚴肅的遊戲，因為它走得離傳統的繪畫太遠了。靠理論就能變得有價值和美嗎？何況一件不傳遞可辨認形象的畫，其作者的真誠度與可信度始終讓人懷疑。立體派繪畫總有些重複、簡單的感覺。它究竟有多少審美的價值呢？

畢加索和勃拉克剛開創立體派時，是沒有什麼理論先導的，他們憑直覺找到了藝術發展的某個方向。多看看立體派畫，就會覺得它們其實挺美的，沒有具體形象其實挺好的，這樣正好可以使我們發揮想像力，更好地關注畫面的"繪畫味"。在看似簡單、重複的效果裡，其實還是有很多變化的，只是要多費點神鑑賞罷了。關鍵在於，不理解立體派，對以後的許多藝術運動就不能很清楚地把握住了。

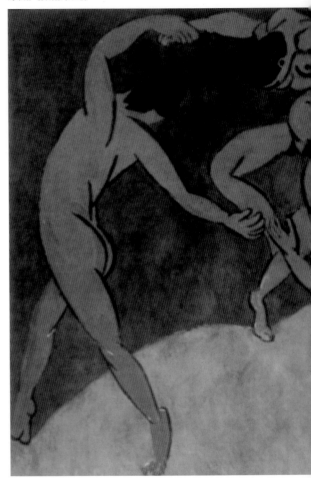

馬蒂斯:《舞蹈》(1910)

4 野獸派與馬蒂斯

　　"野獸派"是某位巴黎評論家對1904年聚在一起辦展覽的幾位巴黎年輕畫家的譏諷之稱。這有點冤枉了他們，實際上，他們平常都是特別紳士的，其中的領袖人物亨利·馬蒂斯 (Henri Maotisse, 1869~1954) 更像一位博學而有風度的文人。

　　如果說立體派從理性方面解放了繪畫，野獸派則從感性方面解放了繪畫。在馬蒂斯一夥人的畫裡，色彩成為了形象，色彩也成為了情感。猛一下看到這種將人臉畫成一半紅、一半綠，中間再來一塊藍的肖像畫時，你可能會感到不可理解，但只要能讓自己的眼睛輕鬆下來，恢復本真的色彩感應能力，你就可能感到在心裡有一種清晰的色彩迴響，就像耳朵聽到了音樂。

　　把色彩比喻為音樂是理解馬蒂斯一夥人最好的方法。色彩具有如音樂般的抽象性。當耳旁傳來一段二胡低吟的顫音時，可能會感到一陣輕柔的傷感震顫着傳遍我們的全身，當聽到一段小號明亮高亢的吶喊時，又可能會為之精神一振，如果吹的是衝鋒號，那就簡直是從心裡把你往戰壕外面引。同

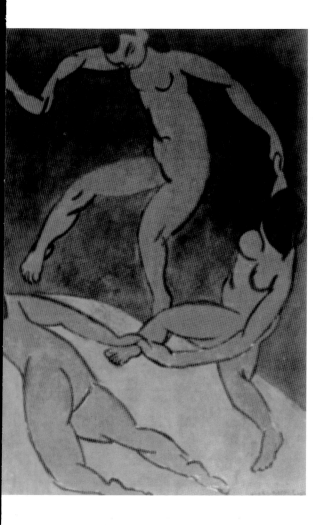

樣，當我們身處一個被紅色、橙色包圍的空間時，會身不由己地感應到躁動、興奮，血壓升高，聲音放大，當身處一個綠色、藍色的環境裡時，自然會血壓下降，心情也變得冷靜平和。

色彩的抽象性不僅能從這種簡單的生理反應看出，它的心理文化反應還要大得多。比如紫色，在不同的國家和地區，民族和文化中有不同的情感含義，有的具有宗教的象徵性，有的與政治地位有關聯，有的喜慶，有的不祥。黑色、白色也一樣有其鮮明的象徵意義和民族情感特徵。

印象派的色彩我們已經說過，是一種從寫生自然裡概括出的色彩結構，用以創造出光的效果，而馬蒂斯的色彩，更強調把色彩本身作為自我直覺的一種表達，作為達到畫面均衡和完整的唯一重要元素。被畫的模特兒只起了一種喚起畫家想像力和某種情調的依據。這類繪畫，是畫家對自我感受和畫面效果思考的結果，與對象本身的原貌關係不太大。其實，咱們東方繪畫就特別強調畫家主觀的感受和畫面的效果，只是東方人更注重研究事物的普遍意義"道"，並強調使傳統表現程式的"法"沿襲。現代西方人則更注重個體研究和語言的獨特性而已。

馬蒂斯特別強調控制色彩的平衡。在他為俄國朋友畫的巨幅油畫《音樂》和《舞蹈》中，他只用了三種主要的色調。簡簡單單大筆平塗的藍色、綠色、紅色，根據它們不同的形狀、大小、純度和色調達到一種極度的完整和簡潔。在《舞蹈》一畫中，他要使"藍色達到最純潔、最藍的藍色"。色彩完全掌握了自己的命運，每一種顏色都像一個活潑的生命赤誠地展現在觀眾的眼前。自然界中的陽光和陰影消失了，在補色和同時對比的關係中，色彩成為自身發光的色域。比如《舞蹈》一畫中的紅色人體，我們不能像看古典西方繪畫那樣去看造型的真實感、空間度和光感。這些人體是通過紅色和旁邊大片的補色(綠色和藍色)的共鳴來產生效果的。這就像音樂家在使用不同樂器產生一種偉大而直接的音響效果一樣。

馬蒂斯個人除了熱愛色彩之外，還熱愛簡潔。我們知道，有的人喜歡長篇大論，有的人往往言簡意賅。

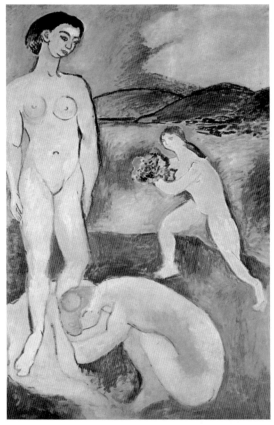

馬蒂斯：《奢華·平靜和歡樂》(1907)

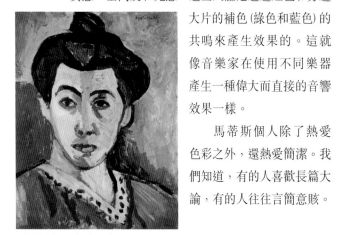

馬蒂斯：《夫人肖像》(1905)

馬蒂斯追求表現形式的最大簡潔達到了一個很高的境界。畫家要有極高的文化修養，畫才能抓住對象的"本質"。他的許多線描人像就是最美的範例。凝練的幾根線條表現了人物的氣質、神情和特徵，還有馬蒂斯悲天憫人的深刻的善良。在貌似兒童畫的天真和質樸中，藝術家達到了難得的返璞歸真的境界。

野獸派旗下的大將還有德蘭、弗拉曼克等。

德蘭冷靜，弗拉曼克強烈；德蘭含蓄，弗拉曼克外露；野獸派的特徵是注重色彩形成的詩性表白，但具體到每個人的畫面和性情，藝術的個性表現特徵就特別鮮明地呈現出來。對野獸派和真正表現主義繪畫的區別，只在於關注的重點和對待畫面形式的態度有一點點不同。

如何欣賞

要想讓那些簡單、粗野、變形的野獸派作品打動你的心，還需要有意識地訓練自己對色彩的敏感度。經過許多年生活的刺激和沖刷，我們中的絕大多數對色彩的感受力已經變得比較麻木了。我們更多的是把色彩當作解決生活問題的實際手段。色彩在我們經過交通路口、裝飾居室、挑衣服的時候才會起到一點點作用。平常日子誰會多注意呢。也許，在這個時候，喚起對色彩的詩意感受正是你一個發現美的良好契機。尋找一下童年時初次見到彩虹的激動，回憶一下某個最美好、最感動你的事情(比如春遊、約會或聚友)發生時的色調，多多喚醒你敏感的視覺，你一定會喜歡上野獸派這些色彩絢麗的繪畫。

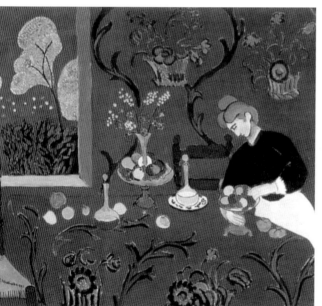

馬蒂斯：《紅色的和諧》(1908)

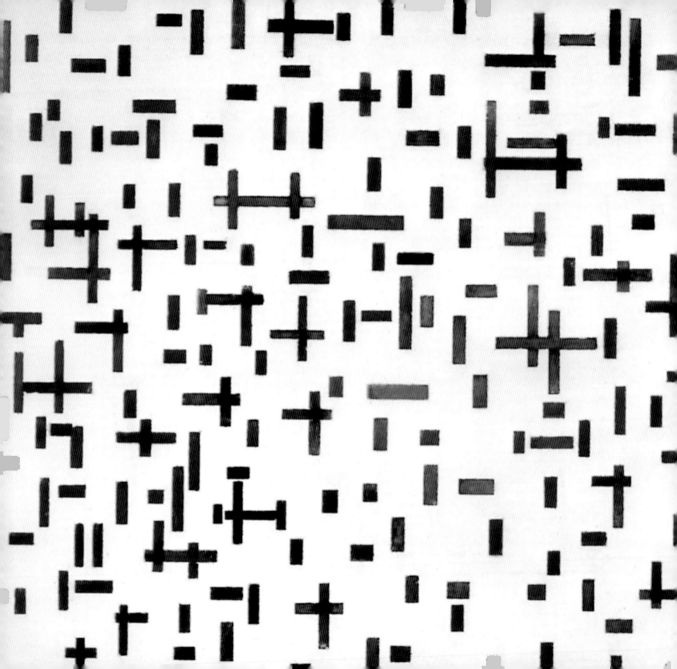

抽　象　美　術

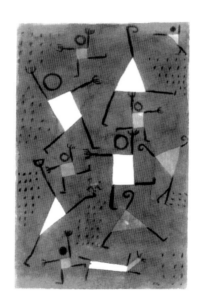

像音樂一樣的抽象美術，需要用心靈去參與和想像……

1 繪畫如音樂

抽象主義美術恐怕是最常折磨美術愛好者的一種現代藝術。但實際上抽象作品應該是最不費我們眼力的一種視覺藝術。那些抽象派大師大多希望看畫的人一下子就能感受到他所表達和說明的東西。只可惜他們的願望有些不切實際，大多數普通人接受美術的"音樂訓練"的機會太少了。而想要認識抽象美術，除非你是個天才，對一些繪畫基本元素的常識性知識幾乎是必不可少的。

把繪畫當作音樂一般來理解，有助於認識抽象美術之美。想想看，當你聽到一曲你喜歡的音樂時，是否會想到它像生活中聽到過的某種聲音。實際上打動你心靈的聲音往往與日常生活的真實聲響毫不相干。你可以輕易地感到音樂的明亮、高亢、激昂或憂鬱、深沉、舒緩。但對於形象，功利之心就比較嚴重了。抽象的對等物是具象，即某種具體的可以辨認的形象。關鍵在於對你來講，形象是可以辨認、可以命名的。但這種具象限制很大，它其實只是你個人的生活裡常見的，對你來說可理解的形象。假如某畫家用最具象的手法畫了一些你不熟悉的微生物形象，你見了畫也許還會說："哇！好抽象呀！"

繪畫元素的常識

繪畫大多是畫在平平的表面上的，材料可以是紙、布、木板、牆壁等等。這種平平的表面使繪畫具有了一種特性：平面性。平面也成了一種基本元素。

色彩是另一種重要元素，它的性質在前面已經談過。所有的繪畫，不管中國、外國、大師、兒童都是將某種、某幾種或某幾百種色彩呈現於畫面的結果。即使黑白水墨畫，也是色彩關係的呈現(別忘了，黑、白也是色彩，雖然不算是彩色的)。

現在我們要說的是讓色彩呈現在你面前的方式和形狀，它們同樣是造型藝術最基本的元素。那就是：點、線、面。

點：相對於背景，它是一個活躍的中心。它可以很獨立、很個性，就像黑暗之中遙遠的燈光，或美麗的臉上明亮的眼。它也可以與同伴一起同時出場，如同夜空滿天的繁星。點的靈活、呼應、提神、點睛的特性使它具有美術作品裡精靈的性質。

線：相對於點，它是一個過程，完整地暗示了生命的規律，正如人體美麗的曲線、柳枝輕拂的姿態或巖石剛毅的邊角、陽光灑落的籬影，它呈現出時間和造化的神奇。它可以暗示開頭、結尾、生長、挫折、鬥爭、徬徨、速度和聯繫。它善於將此事物與彼事物連在一起，也善於將物體從它周圍隔離開。線是最有力的造型手段，天生具有統帥的氣質。

面：面是寬厚的長者，是安定或不安的氣氛，是重重的泥土或輕靈的空氣。面有母性的一面，它喜歡概括、包容、陪襯，面又有父性的權威，它塑造立體的效果，給整體定下基調。面是渾厚的大地。

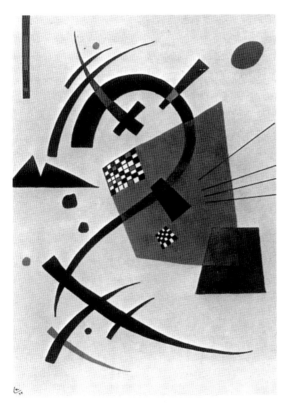

康定斯基作品（1924）

2 **熱抽象**

　　從抽象主義大師康定斯基（Wassily Kandinsky, 1866~1944）身上，可以感受到一個畫家渴望讚美這些美術基本元素的熱情。

　　這位俄國人本來是學法律的，30歲時放棄了這一有前途、有地位的職業，加入職業畫家的行列。出遊德國後，他曾組織了幾個藝術家社團，其中包括著名的"藍騎士"社團。

　　康定斯基一直熱衷於探索色彩和形式自身的秘密。不過不像馬蒂斯那麼強調主觀控制力，他也不熱衷於簡潔，他喜歡憑直覺和想像，讓色彩成為幫

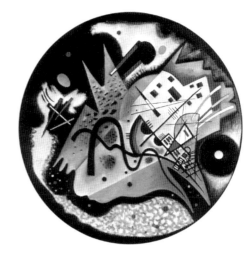

康定斯基作品（1923）

助回憶情感的手段。這樣探索了好久，直到一件事改變了他的繪畫觀念。"……很久以後在慕尼黑，有一次我被自己畫室裡一個意想不到的景象驚呆了。當時已接近黃昏時分，畫完畫，我拿着畫箱回到家，仍然沉浸在遐想和剛剛完成的作品中。這時我突然看見一幅無法描述的美麗圖畫，浸透在一種內在的光輝之中。開始我猶豫了一下，接着便衝向這幅神奇的畫，除了形式和色彩，我什麼也沒看見，其內容是難以理解的。我很快找到了謎底：這是我畫的畫，被倒置着靠在牆那兒(康定斯基《回憶錄》)"。畫面上的各種色塊和筆觸充滿了生命力，像音樂般和諧地共鳴着，紅色、金黃色、藍色、黑色不再是一直折磨他的可愛又可恨的情人，而像充滿活力的美麗的舞蹈家，跳躍着、歌唱着。康定斯基為之奮鬥了許久的目標找到了，他以後要做的，就是把這些形式美的精靈釋放出來，讓它們歌唱，讓它們自由地表現自身的魅力。康定斯基後來做到了這點。

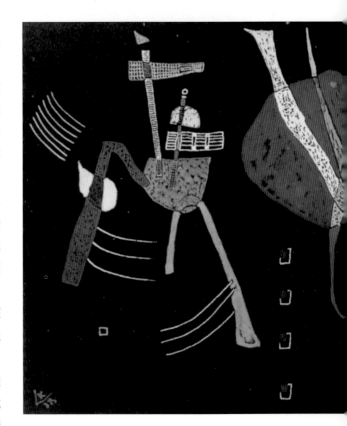

　　他的這一路抽象派比較有激情，畫中帶有表現的味道，但強調的不是具體的某種情感或社會批判力，而是想通過這些富於激情的色彩精靈找到精神的象徵。所以這種抽象也叫熱抽象。

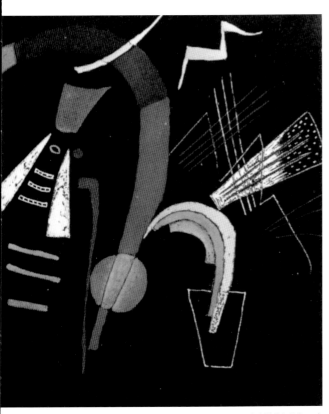

康定斯基作品（1938）

　　抽象，在一般的理論中有從特殊中抽出普通，群體中抽出個性，現象中抽出規律的意思，有邏輯和理性的參與。通常的看法是應當先有具體的形象和感受，然後再由理性加工成更高級的"抽象"結果。但現在也有許多大學問家有不同的看法，有的認為抽象和具象的感受是同時的。人不是一個簡單複製、反映外界的機器，即使是很隨便的一瞥，接收的視覺信息也是經過抽象的。

　　不管高深的抽象概念是什麼，有一點是有共識的，即藝術中的抽象與數學、哲學中的抽象或推理有根本的不同。在藝術中，形象的抽象有其獨特的不可言說性。由於它利用的知覺和感性的不確定、不牢靠但又直截了當，所以這種抽象的深刻性與它的模糊性是成正比的。藝術家依靠對外在客觀世界的形象的體味，經過藝術形式的探索，力圖找出一些更有代表性、更深刻的形象符號或者說一套形式體系，以此來比擬和象徵由特殊事物組成的紛繁複雜的表象世界。從這個意義上說，任何一件美術作品都是具有抽象性的，只不過程度不同。抽象藝術則是在立體主義和野獸派之後更加純、抽象程度更大的造型藝術。

3 冷抽象

有熱抽象就有冷抽象，荷蘭藝術家蒙德里安（Piet Mondrian, 1872~1944）就是冷抽象的代表。

蒙德里安最典型的作品，是那種讓人看一眼就無法忘記的極簡潔又極強烈的畫。畫面由非常標準整潔的黑線分成幾個大小不等的方形區域，醒目的一橫一豎兩種線以及黑色和白色，只有紅、黃、藍三種顏色。通過精確的計算和權衡，構圖達到了一種無法言喻的簡潔和富含深意的平衡。這就是蒙德里安的畫，如果把它們當作裝飾畫來看待，表面樣式就是這麼簡單；如果把它們當作藝術作品來看待，每一幅都是藝術史上史詩性的傑作。在此我建議你把它們當作後者。

從蒙德里安抽象藝術的發展過程，也許可以了解一些他的作品所含的意義。

蒙德里安為什麼創造這些抽象繪畫呢？為的是完成一位偉大學者的野心——用自己的語言來表達他對世界的思考，這是一種哲學主義的畫。"野心"聽起來不可思議，其實卻是許多大畫家的共同特點，比如中國宋代畫家們追求的"道"和"法"。

由矩形和極限色彩構成的抽象繪畫，已經成為蒙德里安的標誌（蒙德里安作品，1924）。

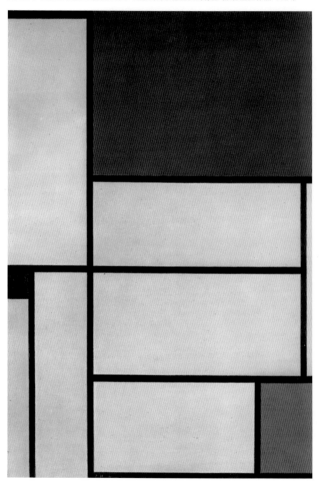

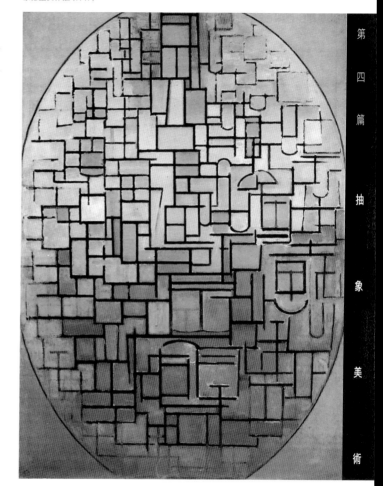

蒙德里安作品(1917)

"道"相當於蒙德里安的哲學思想,即思考出世界的本質規律和意義,"法"相當於蒙德里安的繪畫元素:紅、黃、藍、黑、白和矩形。可以說畫無東西、道無先後,在20世紀的上半葉,文人們和蒙德里安等畫家達到了某種程度的跨越時空的共識。只是中國文人畫家追求的是半人半神的仙境,似與不似之間的意象,而西方畫家熱衷的是非此即彼的極端和完整。思維方式也有不同,蒙德里安始終沒有放棄科學式的推理和認識。這也是他的作品美之所在。老畫家並非沒有激情,只不過他把激情轉化成一種不達目的不罷休的態度,他要追求真正的、純屬美術的平衡和中立,即盡量擺脫自己主觀意識的控制、去探求宇宙之大道。能使理性和感性達到如此簡潔又如此統一的美術家,在美術史上也是不多見的。

　　當時的歐洲,持這種"純藝術"觀點的畫家不在少數。有趣的是他們中的許多人熱衷於東方哲學和玄學。也許東方式的深思玄想,賦予了西方人體驗一下自我的精神與不可捉摸的宇宙之間發生聯繫時的神秘主義感覺,而這種感覺正是一貫講究實證的西方人所未曾真正領略的。當然,這些西方人並不是真的照學照用東方的東西，他們只是想要一種非西方的參照，能讓他們擺脫一下傳統觀念的束縛，他們就高興了。

科學與藝術

儘管許多畫家從來不了解科學上的那些新鮮事，但當人們把他們的藝術觀念和當時的科學觀念聯繫起來時，卻總會發現一些有機的聯繫。

雖然沒有證據說明文藝復興時的大師拉菲爾與哥白尼之間是朋友關係，但實際上哥白尼關於世界的科學理論和拉菲爾的藝術觀是一致的。在哥白尼的《天體運行論》和拉菲爾的聖母像中都表現了這樣一種態度：地球不再是宇宙的中心，人類也不再是大千世界中唯一的英雄和上帝唯一的"寵兒"，在地球和人類之外還有一個更加廣大的宇宙。從前充滿神秘超凡色彩的對人和宇宙的看法，在哥白尼和拉菲爾面前被揭去了神秘的面紗，地球僅僅是一個普通的星球，聖母更像一位普通的母親。

我們也沒有證據說明畢加索和勃拉克學過現代物理學和相對論。剛好相反，我倒聽說過畢加索幾乎可說是一位半文盲，其運用文字詞句的能力大概只有小學畢業程度。不過，這並不妨礙理論家們發現立體主義與現代科學的聯繫。在立體派的作品中，一把小提琴、一棵樹或一個人體之間沒有存在任何本質的差別，所有的外部輪廓都被支解、分析和破壞了，沒有一種靜態的和諧而只有極度的不平衡。一幅繪畫是作為一個有機整體的某一物體的可視圖像，本身不再是一個世界，而只作為最本質的內在結構的圖面分析而存在。這就建立了一種結構的觀念，對於畫家們來說，只有對事物結構的研究與表現，才是有意義的。無獨有偶，在物理領域中，許多原先自成一體，相互隔絕的事物也消除了它們之間的界限。物質與能量、時間與空間、原子世界的秘密和宇宙天文學的發現，這一切與繪畫世界中的發現不謀而合。

科學和藝術，實際上是人類探索自我與世界存在之意義，和追問真理的兩種截然不同而又殊途同歸的方式。一個靠實驗、證明和推理，一個靠體驗、感悟與抒發，兩者相輔相成又緊密聯繫。可以說，每一次重大的科學革命都能在同時代的美術作品中奇妙地找到共鳴。實際上，當今最最頂尖兒的科學家們常常會使用形象思維、想像和頓悟來解決

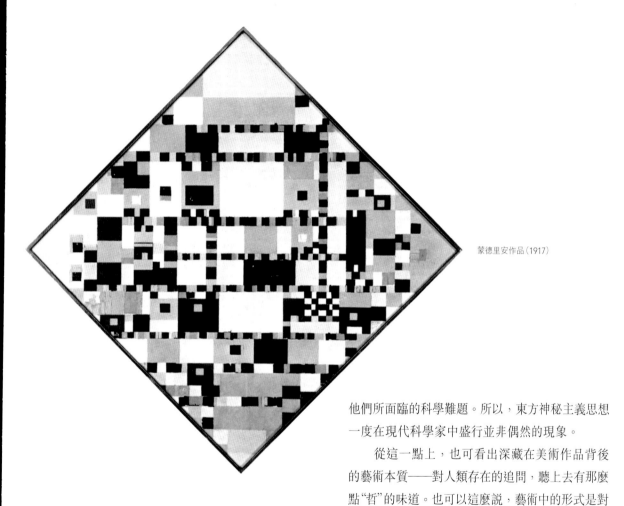

蒙德里安作品(1917)

他們所面臨的科學難題。所以，東方神秘主義思想一度在現代科學家中盛行並非偶然的現象。

　　從這一點上，也可看出深藏在美術作品背後的藝術本質——對人類存在的追問，聽上去有那麼點"哲"的味道。也可以這麼說，藝術中的形式是對生命的模擬，這就是藝術抽象的特徵。

4 包浩斯學校

1920年代末，一群卓有學識的美術家，把模擬生命的抽象藝術予以理論化和系統化，創立了一所研究美術形式的雅典學院——包浩斯學校。

包浩斯學校

1919~1923年在德國的魏瑪，這所對現代美術影響重大的名為包浩斯的藝術學校，成了教育並傳播現代美學思想的重要教育基地。

許許多多的青年人開始接受一種新的、基於現代美術基礎上的藝術教育。

一些世界級的現代畫家像康定斯基、保羅·克利都曾在包浩斯開辦了工作室，授徒傳業，著書立說。

在包浩斯，一名叫伊頓的老師，新開設了一門基礎課，美術開始與設計更緊密地聯繫。傳統美術教育的邊緣開始鬆散。走出包浩斯校門的學生只有一小部分成為職業美術家，大多數投身於能夠發揮自身才能的設計領域，成為建築師、金屬工藝師、染織設計師、平面設計師，為工業化的社會注

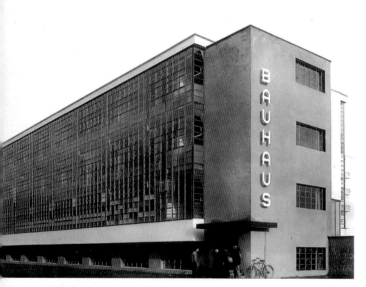

包浩斯學校

入更符合人性的設計活力。有了這種設計意識，現代社會才會充滿美麗、悅目而適意的物質產品。

在包浩斯，對形式的研究成為課程的核心。抽象藝術在這裡找到了一個立身之本，那就是對引起我們造型美感的諸因素的分析。這裡有一張簡要的包浩斯課程表，我們從中可以看出美術和人的物質創造能力第一次這麼清晰地聯合起來，"創造"成為設計藝術的核心。純粹的形式探索變得那麼重要，一切純美術或實用美術都要由此出發去擴展自身。

在包浩斯學校的教學中，有一些很獨特的有趣課程，其中之一是對材質和肌理的研究。理論上講，世上的萬事萬物都可以成為藝術家創作的材料，但傳統的美術觀念限制了人們對材料的選擇。如果你使用了大家都能接受的油畫顏料、畫布、紙、鉛筆或者毛筆、墨作為創作的材料，你即使畫得再抽象、再費解，人們也能認可你的作品是一件藝術品。可如果你用的是玻璃、樹皮和布頭來表達你的感受，人們卻不能認可這種東西也是"藝術品"。這實際上是對藝術最動人、最可貴的那一點——心靈和精神的傳遞表現視而不見，只是一味

注意外表形式是否"規矩"、是否依照傳統的結果。而包浩斯恰恰在這一點上做了大膽的改進，教師非常重視對學生在材質(指材料的物理特性如色、肌理、結構、體量等)和肌理(多指材料的表面特性，如玻璃的光滑、木質的疏鬆和紋理、織物的經緯等等)方面美感能力的培養，而且強調各自獨特的感受。有時，教師會開列一些材料，像木材、玻璃、紡織物、樹皮、紙、毛皮、金屬和石材等，讓學生體味其特性，有時，會讓學生去垃圾堆和廢工場找尋各種各樣的"破爛"，做成一個材質和肌理的作業。

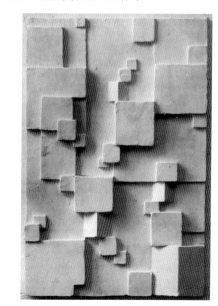

包浩斯學生作品 (1920)

確實，當你試着分析、體味、回想、記憶這些平常不起眼的物體時，它們那司空見慣的形狀會生出一種不尋常的意識，所有這一切只是因為你用心去感受它，用眼去觀察它，用手去觸摸它。

你也可以試着收集一些"破爛"，就像所有小孩都愛做而常被大人罵的事一樣。磨得光滑的木把手、用得發舊的金屬工具或有毛邊的美麗桌布，都是訓練了解材質和肌理的好東西。其傳世秘訣如下：要盯着它看，拋開它的實用功能去注視，就像對待一件珍寶似的；二要用手摸，是把玩、欣賞，帶着讚美來撫摸；三要閉上眼睛，用心靈去感覺，聯想它的歷史、歲月的痕迹和世上萬物都有的能量。這件物體很有可能(不敢說一定)會

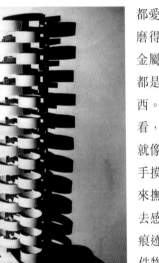
包浩斯學生作品
(1928)

在某一個時刻打動你，使你突然領悟物體本身竟然會如此充滿靈性、充滿意味、充滿藝術的形式美感，只要你換一種藝術的眼光去體味它。

德國包浩斯學校最後被納粹希特勒的政權解散，但它的影響已遍布歐洲，並最後幫助改革了西方現代美術學院的課程。結果隨着抽象藝術和現代美術思想逐漸被社會和公眾接受，當時間翻到了1980年以後，西方的絕大多數美術學院的主流課程都變成了抽象、觀念、裝置和表現藝術。19世紀傳統風格的具象繪畫，已經很難在學院和大學裡看到，有趣的是此時的中國美院恰恰正是重具象，極力推崇歐派學院派的時期。於是，從中國大陸的美院畢業的年輕美術家一旦到了國外，往往成為"畫"得最像、寫實"功夫"最強的高手。不過，中國畫家們要想真正融入國外美術圈卻是非常困難的事，也許根本無此必要。對此每個人的觀念都不一樣。我們在後邊還會涉及這個問題。

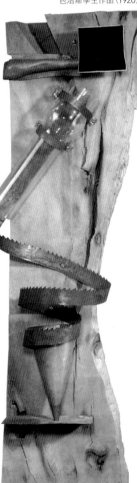
包浩斯學生作品 (1920)

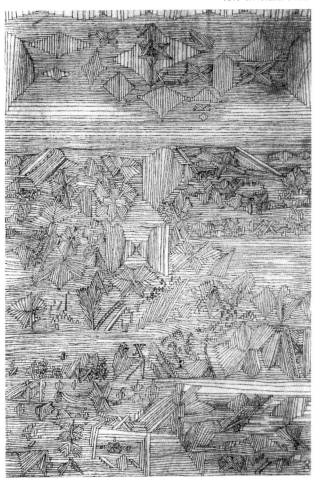

5 克利和米羅

　　在包浩斯學校的那一批明星畫家中，有一位尤其突出，他就是瑞士人保羅·克利 (Paul Klee, 1879~1944)，他是康定斯基的好朋友，也喜歡立體派大師德洛內。他的《教學筆記》(1925) 和康定斯基的《點線面》，都是他們任教於包浩斯時期出版的影響巨大的著作。

　　克利創作的畫具有高度的靈性，換種說法就是很神秘，很好看，一點也不俗。這些美妙的效果源於克利對形式的深刻把握。線條、明暗調子和色彩在克利的手中成為有生命、有魔力的精靈。他把它們當作抽象的結構，但又不排斥把這些結構聯想成星星、人臉或植物。對我們來說，要理解他的抽象藝術比較難的地方在於理解這些結構。

　　比如線條，其性質是長度 (長或短)、角度 (鈍角或銳角)、寬度 (粗或細) 以及半徑和焦距的長度。這些都有一定的度量，克利在他的作品中充分體現了對這些度量的控制和調度。

　　再比如色調，黑白、灰白對比可以產生豐富而微妙的對比，在藝術家的眼裡，這種對比是可以

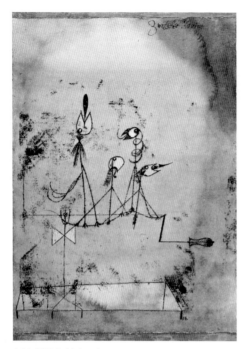

克利:《機器奏鳴》(1922)

用帶有理性與情感的心靈去把握的。它可以是有重量的黑，也可以是規範的白底，也可以是灰色的和弦，音樂般無窮無盡的形式變化吸引着克利。從這一點上講，他的繪畫是一種"音樂繪畫"。

實際上，克利從小是被當作音樂家來訓練的，11歲的時候就成為瑞士某交響樂團的臨時小提琴手。儘管他後來選擇了他同樣鍾情的繪畫，但他的音樂天賦和素養並沒有消失。他把音樂和繪畫巧妙地聯繫在一起，就像康定斯基曾經做過的那樣。在線條的韻律、色彩的抒情、明暗的交錯中，克利感到了像音樂的旋律、調式、節奏與和弦一樣的表現力。他把音樂的迷人美融入美術創作，留下了許多非常有意味的作品，既神秘又抽象，既有理性的構成又充滿感性的表現。有時候，他乾脆就用音樂術語作為美術創作表現的主題，如《有韻律的風景》、《三部分時間／四分之一》等。

伴着這種音樂，克利的畫還呈現出了一些奇怪的符號。這種畫"符號"的觀念，也是現代藝術中最

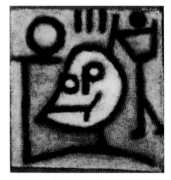

克利:《死亡與火焰》(1940)

常涉及的一個核心內容。

符號與一般的圖形、表象不同的地方，在於它的代表性。一個符號，比如你現在看到的這行鉛字(文字當然也是一種符號)，由於具有約定俗成或者說可以"理解"的，帶有某種普遍與象徵涵義在內，比一團紙邊的污迹顯得有"意味"得多。一個現代藝術家為了使他創造使用的形式更加深刻、有力和有代表性，會窮其一生來創造發掘形式中對他來講顯得很有"意味"的因素，並加入到創作中去。克利就喜歡創造符號，原始美術、東方美術和兒童繪畫很相似，像一些叉狀、臉狀和星狀物。請注意，美術完全可以用符號形式的理論進行闡述。大家也可以把傳統的古典美術和寫實美術作品仔細分析，其實都是在某種符號形式體系下產生的表象。像在中國的水墨畫程式中，樹、石的畫法、皴法其實是對某種象徵物的刻畫，它本身就是一種符號。而西洋古典油畫中對光線、陰影和形體的刻畫、塑造，其本質也是為了構造某種符號語言體系。因此說來，克利和他的現代藝術戰友們與古典和保守繪畫最大的不同是，他們比較注意讓他們創造的符號具有原創性、直接性，更加個人化和神秘化了而已。

克利作品(1940)

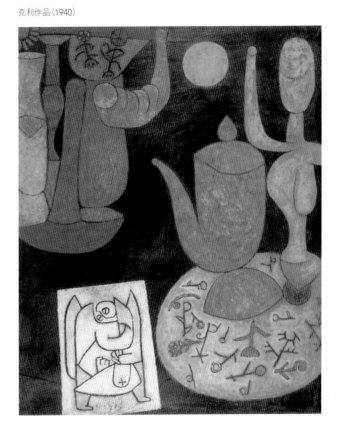

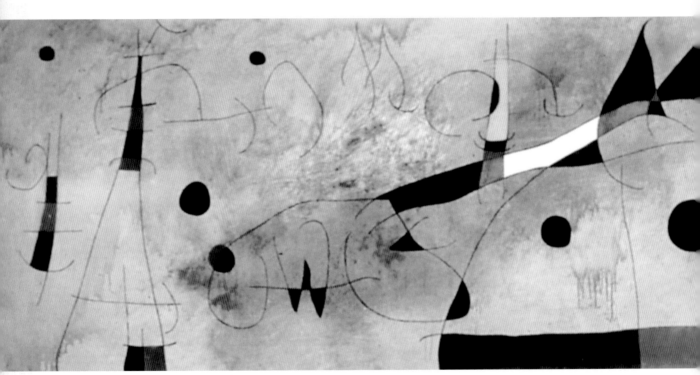

米羅作品（1961）

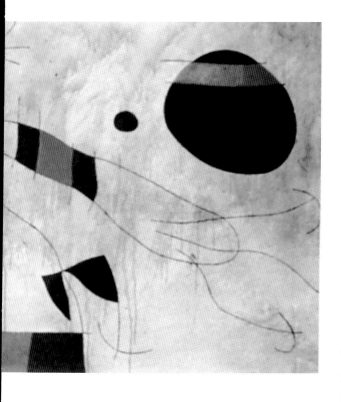

　　無獨有偶，克利之外還有一位現代抽象派大師，也愛畫一些帶東方味和神秘性的符號，在他的作品中也很像兒童和原始繪畫。這位大師就是西班牙人約安·米羅（Joan Miro, 1893~1983）。

　　在即將過去的這個世紀，西班牙貢獻出了許多藝術大師，在美術家裡，就數畢加索、達利、塔皮埃斯和這位米羅爺爺最為著名。如果不是想到現在已經是1990年代的最後兩年，單看米羅爺爺的畫是感覺不到這是屬於真正爺爺輩的半個世紀前的畫。它們依然是那麼率真、稚美、神秘、生動，那種創造力還是那麼強、那麼衝。

　　米羅和克利一樣，善於自己創造一些形象符號。不過由於是西班牙人，似乎天生就有一種地中海式的浪漫。他的畫色彩極鮮艷，線條很有裝飾味道，他燒製的陶瓷壁畫在世界各地的大學和國際中心大受歡迎。

　　和所有大師一樣，米羅的藝術絕不是幾句話、幾頁紙所能說清的。何況我連他真人的一個背影都沒見過，如果自吹能夠深刻地理解並闡釋他的藝術，恐怕沒有人會相信。但著書立說的自我膨脹仍然會讓我說出"我個人"的分析，就像前面有些時候發生的案例一樣。

　　至少有一點是明顯的，米羅畫中的物體都像漂浮在宇宙或空氣中的某種生物體結構。畫中的背景被處理成一種虛空，有點像原子們或星球們身後的空間，又有點像中國畫裡常常處理成的虛擬時空。一般來講，畫家畫出這樣的背景都帶點神秘主義的本體論思想。因為在這種背景中發生的事或出現的形象，是沒有過去、現在或未來的，它呈現的就是它自己。

　　在這種虛空中，故事發生了。細細地看來，米羅的畫是很具象的。他創造了許多怪怪的形象符號，有臉形、眼形、嘴形、星形、蛇形、蟲形等等。說真的，當我把它們都看作是一個個有生命的形象時，米羅的神話世界真的動了起來。也許還有很多的象徵意味還沒有看出來(符號往往承載某種象徵或比喻出的意味，如暴力、性、好奇等等)，但畫面所描述的氣氛、情調和戲劇結構卻能清晰地感受到，有的畫抒情，有的畫恐怖，有的幽默、歡快，有的深沉、悲愴。這是一個米羅自己的世界，這是一位最有想像力和創造力的慈祥的老人、善良的中年人和純真的少年的作品。如果問美術的真味在哪裡，我會說：就在人類從成為人的那天起，一直珍藏着的最本真、最自覺的創造力。藝術就是在這種創造力推動下最直接自然的表露。

如何欣賞

　　米羅的作品內容比較隱晦，有時畫的題目似乎與內容沒有任何關聯。畫中的形象非常怪異，和

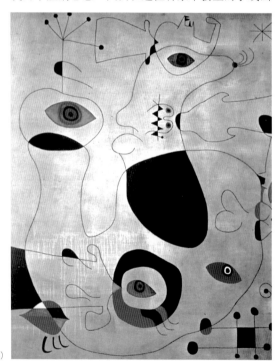

米羅作品 (1945)

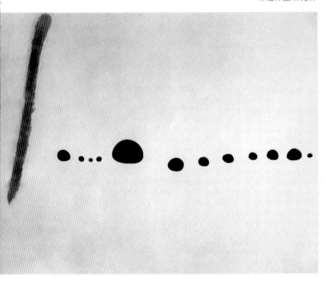

人們日常所見的世界表象有很大不同。儘管你可能了解了藝術家是在畫看不見的東西，藝術的本質在於創造，但這些理論還是不能讓你與作品的情感交流通暢順利。好在這是一位公認的大師，要是無名小輩的作品，許多人早都扭頭而去了。畢竟要人們去猜測一個謎底是一件很累的事。對付這些阻礙我們欣賞米羅或克利藝術的結，我試着提供以下的兩個解結辦法，你不妨一試。如果不成，沒有關係一定把它們忘記，你要保持你自己欣賞藝

術的主權和信心。

第一個辦法，忘記理論，放鬆感官，充分發揮你想像的能力。你可能不相信，我們緊張的工作和生活會使我們的感官也變得緊張和麻木。大部分時間，人們都處在"視而不見"、"充耳不聞"的狀態。除了真的色盲以外，絕大多數人還處在相對色盲和形盲的狀態。看美術作品就是一個開發你感官潛能的好辦法。尤其是面對米羅或克利的作品時，你應當忘記過分依賴"辨識"的務實觀看方法，努力讓心靈和眼睛處在一個未開發的空白狀態，就像一個剛剛睜開眼睛的嬰兒，在不知道外界什麼樣子的情況下好奇地打量這個世界。這是

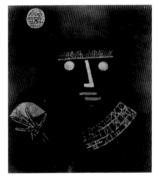

克利作品 (1927)

一名有修養的看畫人最基本的觀看方式。

很遺憾，我不能說得更具體，因為放鬆眼皮或睫毛還不是放鬆觀看。這種"看"法更像是一種心理狀態，像作氣功似的一種突然放鬆、心靈的放鬆。也許大家都有過這種經歷，在某個很平常的瞬間 (比如某個下雨的中午)，你會突然被某種司空見

慣的東西所感動（比如隱約傳來的廣播或音樂聲），彷彿一個被時間灰塵磨損、蒙閉了的日用物件突然綻發出一點鑽石般閃亮的光輝，本來沒有意義的事會突然變得有意義起來。這種狀態就是放鬆心靈和感官的狀態。究其實，這是一種物我交融的狀態。我不敢說克利和米羅畫每一張畫都處在這種狀態（大師也會做作，也會撒謊），但基本上他們是以積極的內省狀態來創作的。換句話說，他們創作的時候是很放鬆的。

第二個辦法就是放棄找謎底的習慣。我很了解人在觀看一件東西的時候總忘不了想要得到它的意義。一旦滿足不了就會覺得不安、困惑乃至厭惡。尤其當你知道你看的是一位藝術“大師”的作品，心理負擔就更重了，因為大師的作品，一定有很深很深的道理。其實不然，米羅和克利（還有其他很多大師）之所以被尊稱為大師，除了作品好之外，很大程度是因為他們在美術史上的貢獻，他們對其他畫家的影響或者別的政治、經濟和宣傳的原因。對於一個普通的藝術欣賞者，再大的大師也是一名普通的美術家，沒有這種起碼的人格平等，談何欣賞藝術。所以，別把地位、名望和理論家的評

價看得太重，才能成為一個聰明的欣賞者，才能真的有收穫。放棄找謎底的習慣不太容易，但你要知道，許多抽象藝術壓根兒就沒有謎底。有時連藝術家也不清楚“這畫是什麼意思？”（這是美術家們在展覽會上最常被問的問題）。一張抽象繪畫作品只是提供給觀看者一個引子、一個基點，只有當欣賞者用自己的想像力參與並擴展了作品的意義，藝術作品才真正被完成。聽起來怪怪的，但確實是真的。用大的道理講，藝術是人類精神和情感的交流，沒有觀眾參與和交流，藝術只完成了一半。用小道理講，現代藝術重視多義、模糊和不可解讀，是對傳統藝術觀念的破壞。在傳統藝術觀念裡有封建社會的文化特徵存留，要想看懂一張畫，必須要經過好多修養、學習，要懂歷史故事、神話傳說，還要知道某種風格是模仿誰、從哪來等等讓老百姓頭痛的高深知識。現代抽象藝術就不是這樣，不管你是受過高級教育的上流貴族，還是一介平民，都有權利用自己的創造力和想像力去欣賞、評價一件抽象藝術品。因為抽象藝術使用的是經過抽象，最典型、最本質，人人都應該看懂的符號──至少藝術家們是這麼認為的。

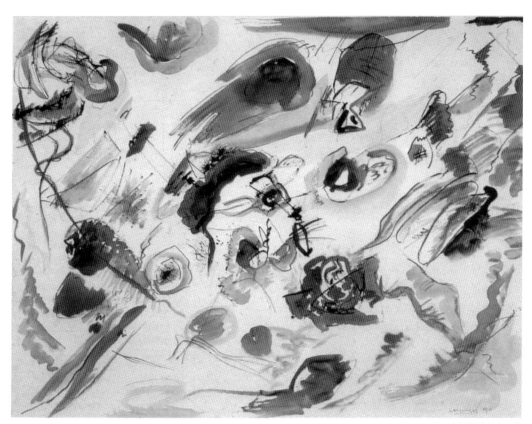

康定斯基作品（1910）

6 休息一下

在結束本章之前讓我們暫時在奧地利作一停留，看看那裡出現過的一個流派——維也納分離派和三位藝術家：克里姆特、席勒和柯柯西卡。

100年前，維也納出現了分離派運動，這是奧地利在19世紀末獻給世界美術界的一個重要美術流派。和其他的現代美術流派一樣，它也主張創新，發展美術的形式感，追求個性，特別一點的是比較重視工藝美術。領導者克里姆特 (Gustave Klimt, 1862~1918) 和他的同志們，對當時籠罩維也納的掩飾一個沒落帝國的宮廷文化和僵死的道德禮教十分厭惡。這些陳腐觀念壓抑了人性和藝術的自由。當時像佛洛伊德一類的新學說揭示了人類靈魂的複雜性和深刻性。藝術家，尤其是處在反思中的藝術家，為了加強藝術和生活之間的相互作用，熱情地創造新的風格。分離派的許多作品有象徵主義和表現主義的特徵。

19世紀末，英國的威廉·莫里斯 (William Morris) 發起推動了席捲歐洲的工藝美術運動。它提倡加強大量生產的工業產品中的工藝美術味道，使傢具、

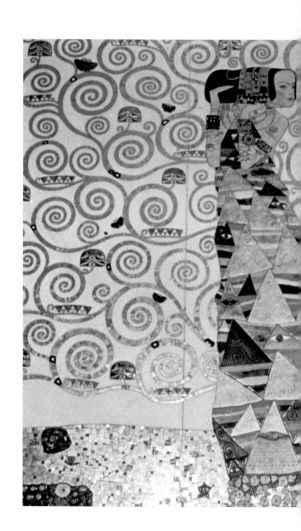

克里姆特：《期待》(1905)

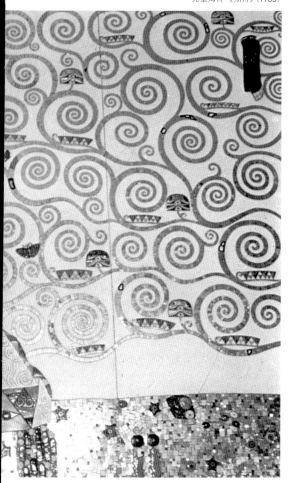

餐具和紡織品與繪畫和雕塑的聯繫得到加強。另一方面，裝飾風又影響了許多畫家去研究造型藝術的形式美和裝飾美。本篇所介紹的許多畫派像野獸派、抽象派和包浩斯學校，都多少受到其巨大的影響。而在奧地利，分離派與新藝術運動的聯繫則更加明顯。

克里姆特就在他的作品中加強了工藝美術裝飾的作用。他是一個改革家，是反對學院派保守勢力的先鋒。他在世時已被譽為"奧地利最偉大的畫家"。為了強化自己的個人風格，他嘗試各種各樣令他着迷的工藝方法，包括在畫面上加入金銀箔和置入大量的圖案。他的作品中既有一種華美的貴族趣味，又有神秘的宗教氣氛，既有歐洲現代學術精神和古典造型法的深刻與張力，又有來自東方的含蓄迷人的韻律美感。他特別喜歡收集東方的工藝品，像中國、日本、中亞等地的屏風、織錦、掛毯，並在其中得到了來自於想像中的神秘之地的靈感。儘管他的畫看起來是那麼具有裝飾性，形式高度簡潔、統一和華美，我們依然能感受到畫中明顯的象徵主義味道，一種那個時代常出現的對人本性和意識各方面的剖析。

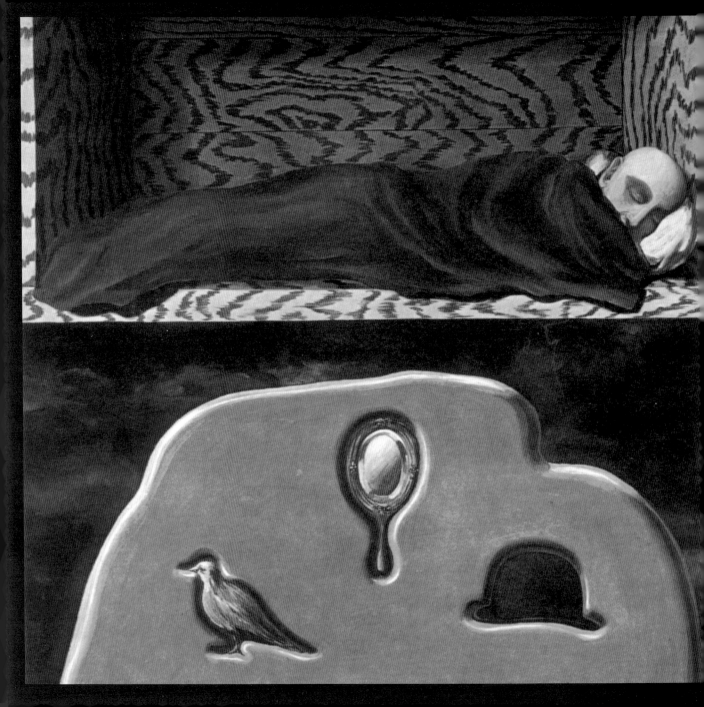

夢溪畫談

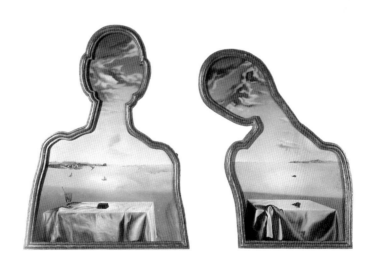

白日造夢者的夢囈，現代人深層心態的揭露……

1 四個夢

"我們所看見和所表現的一切都只是一個夢中之夢。"

——愛德加·愛倫坡 (Edgar Allan Poe)

夢,當我寫下這個字時不由自主地感到一絲意識的震顫。每個人都有夢,都做過夢,儘管現代科學已經告訴我們做夢的部分生理原因,夢對於我們依然是神秘莫測,甚至令人畏懼。

本篇關注的焦點就是夢的畫,畫出的夢。

1900年,精神分析學大師佛洛伊德的《夢的解析》出版,書中把原本看作與嚴肅真實生活無關的夢提升到一個重要的高度。人們開始意識到,夢是生活的一部分,在夢中誰也不可能造假。一個人在這個世界上睡着時就是在另一個世界中醒着,每個人都變成了兩個人。這另一個世界就是精神分析學指出的無意識。佛洛伊德的高足榮格 (C. G. Jung) 曾寫道:"夢是通向內心深處和心靈中最隱秘深幽處的一扇小暗門。"由於人們的意識有多種層次,當自我知覺萌發成為社會的人,人便學會躲避,避開他人,避開自己本性中那些他認為羞恥或尷尬之類的東西,為自己建造了一個可以被接受的秩序,把自己緊緊地保護起來。但當發夢的時候,人就脫去了現實中的偽裝,露出了從原始荒野中留存下來的更真實、更普通、更永恆的人的本性。

臨床醫學取得這樣的發展不是偶然的,它是那個特殊時代的產物。19世紀的工業文明,不僅從物質上和社會秩序上,而且從人的意識中改變了原來保留的對人類及其社會所持的穩定、均衡和完整感。人越來越變得不能控制自己,控制自己的活動範圍和社會角色。因為不得不和社會更多地發生聯繫,不得不面對更多的誘惑和壓力,感到難以應付自我精神問題的人多起來,這就使得精神和心理的臨床醫學向人意識的更深處去尋找答案。在藝術家們看來,這些理論恰恰印證了他們直接從生活中觀察、感受得來的印象:整個社會越來越瘋狂、無序和貪婪。按榮格的說法,集體無意識將人本性中存在的慾望、恐懼和盲從,轉化成社會行為中一些可怕又愚蠢的行為。1914年的第一次世界大戰,直接摧毀了世人對科學和理性能夠造出一個美好世界的信任。當戰爭造成的死亡之災如此赤裸裸地展現在

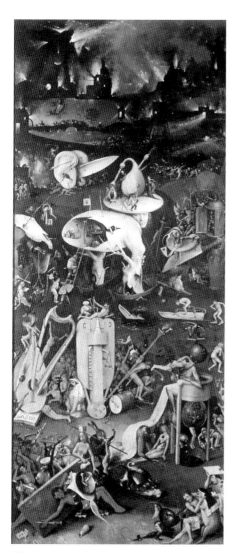

博斯創造的夢的世界（1505）

人的面前時，人們不禁要問：時間、生命、存在的意義是什麼？人的意識又是什麼？

在現代文明的城市之火面前，有些藝術家選擇了表現的手法，吶喊出強烈的情感以期獲得抒發和緩解；有些藝術家則採用打倒一切、虛無一切的無政府主義態度（下一篇我們將介紹這群"瘋狂"的人）；有些則用藝術家天賦的想像力，像佛洛伊德一樣，冷靜又深刻地對人的無意識領域或稱潛意識領域進行剖析與表現，我們這一篇將要參拜的大師們，就是這樣的一些人。

不過我們最好先回到人前，去看看早期的造夢藝術家是如何用美術來創造一個潛意識的世界的。其實，藝術的一個偉大作用就是基於人們的這種需要：讓現實世界中看不見的再現，讓實際生活裡實現不了的實現。

夢之一

各種各樣赤裸的、穿衣的男人們和女人們，因為無節制的貪慾、性和自私而爭鬥、糾纏與迷亂，來自地獄和魔界的妖魔鬼怪、各種奇醜無比的兇猛生物正在折磨、吞噬着人，以懲戒他們的罪行。上帝是這場演出的總導演，他和手下那些天使引導着善人走向天堂。城市像是一個着火的地獄，作為演出的舞台背景。15世紀的北歐畫家博斯審視着充滿矛盾混亂的人世，對人的意識和行為進行了毫不保留的嘲諷，他描畫的那些無助而可悲的人體是人類意識的象徵。看來接近新教的博斯已經不再相信那些虛偽的教會修士和教義能夠拯救人，只有每個人心中的上帝和愛，才是壓制盤據在潛意識裡的惡魔之最大力量。

夢之二

　　同樣充滿宗教味的夢境。魔怪、聖徒和上帝的形象出現在無助而茫然的人類面前，儘管人有着

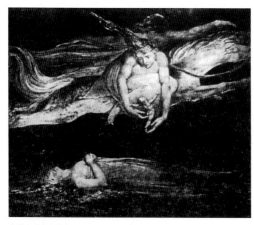

布萊克的魔幻詩意

強壯的肌肉和身軀，卻顯得那樣地不能控制自己，不能掌握自己的命運。和博斯一樣，18世紀的英國畫家、詩人布萊克運用他的幻想畫法，創造了一個魔幻的世界。不同的是，布萊克是一個大大有名的神秘主義詩人，他的繪畫與詩的神秘思想，是同時構思，共同完成的，充滿着形而上學的味道。魔幻畫法一般都是用具象的手法描繪事物，但又在造型、比例、色彩、氣氛等等方面構造一些矛盾、困惑或者令人茫然的關係，使真實與虛無之間有一種無法理清的同一性。布萊克就有意誇大了人體腿、臂和軀幹部的比例，強調了輪廓線和肌骨的解剖效果，使之有一種剝皮之後的真實感。魔幻畫法有明顯的象徵意義，從情節、構圖形象諸方面，我們彷彿都能看到藝術家在對我們說：不要以為它只是個夢，它們是有深意的。有時會是某個宗教典故、神話傳說，有時是某種哲理性的理念，有時什麼也看不出來，只是感到一種令人難以迴避之欲言又止。對魔幻畫家們來說，世界是不真實的，只有畫中呈現的精神才是客觀的。

夢之三

　　天外來客似的獨眼巨人，像從山中窺視微生
物世界的科學家，窺視着人類的世界。法國畫家
雷東可能屬於喜歡窺視秘密的好奇者。他有一架顯
微鏡，當你睜着一隻眼通過透鏡看去，你會發現那
些昆蟲、細胞或灰塵都是真實的生命，大多數世人
只知熱愛博物館裡古典大師筆下日常的景物，從來
不知道還有一個更奇妙的視覺世界存在，這也說明
人們是多麼地被有限的見識所禁錮。雷東的獨眼
巨人(也許是他自己的化身)像他看微生物一樣看着
人類，這巨人有時像神，有時像先知，他們究竟看
到了什麼，我們不得而知，但我們能從如浮塵微物
般的人類身上感到他希望了解、探索的東西：人類
精神和情感的意義。儘管這種東西表現得有些情景
可怖。

雷東的獨眼巨人(1898)

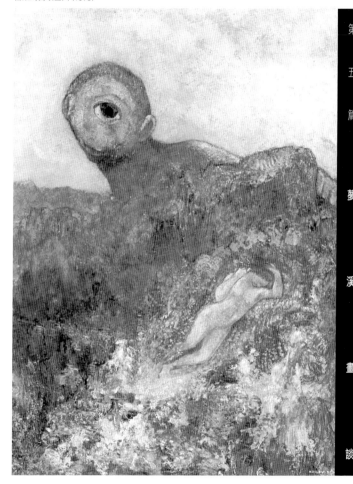

夢之四

　　月兒高照的沙漠荒原，一頭獅子悄悄地靠近熟睡着的阿拉伯人；草木葱蘢的熱帶原始森林裡，裸女、猿猴和飛鳥神秘地共處，悄然而平靜地處於夢遊般的情景，這裡沒有死亡的威脅，有的只是對夢境的體驗和反問：究竟畫的是夢，還是夢就是畫。儘管沒有證據表明這位盧梭老爹曾離開過巴黎，這並未影響他用自己的觀念創造出這些夢境。

　　盧梭是個可愛、善良的藝術家，有一種難得的純真。他能像一個兒童那樣自然地把幻想世界的情景真切地展示在觀眾面前。如今，他已經在美術史上佔據了少數藝術家才能得到的歷史地位，成為超現實主義繪畫的鼻祖，但在當時，他還只是一名不起眼的"業餘"畫家，一個曾作過19年稅務局小吏的市井俗人。這一點恰恰吸引了後代的現代藝術大師們，因為在盧梭身上體現出了與傳統的"學院派"繪畫的徹底決裂。

盧梭的繪畫（上：1910，下：1897）

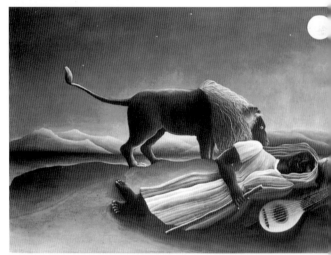

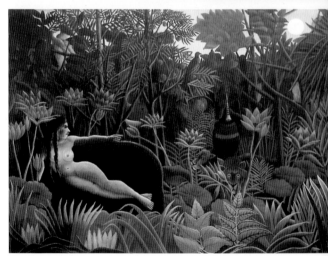

② 心理——基里科

　　正統說起來，20世紀最能體現現代社會人類潛意識深處的第一位超現實主義畫家，還得數基里科。

　　基里科 (Giorgiode Chirico, 1888~1978) 是意大利人，在他身上還真能看到一些古典意大利大師的趣味，比如畫面色調，常常是統一在仿古調子的傳統畫味道裡，再比如造型的方法，也是傳統的多層畫法，特別是古代佛羅倫薩畫派最愛描畫的陰影，更是基里科拿手的辦法。不過基里科的偉大似乎與這些方面的關係都不大，我覺得他的畫很像一位偉大的電影導演、懸念大師希治閣，他們都有本事將人類精神深處從未揭示的恐懼、疑問、徬徨和空虛表現出來。這裡向大家展示一幅名為《哲學家的征服》的作品就體現了這些特點。建築物投下了巨大的陰影。許多互不相干的物體奇怪地存在於一個畫面之中。我們看見一門大砲，但這門大砲似乎不是用來打仗或嚇人的，而是瞪視時鐘與火車的眼。背景上

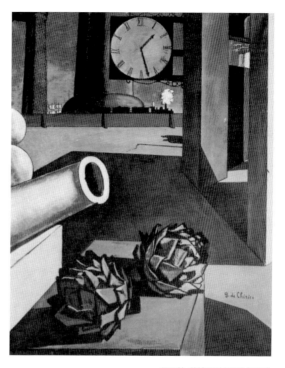

基里科：《哲學家的征服》(1914)

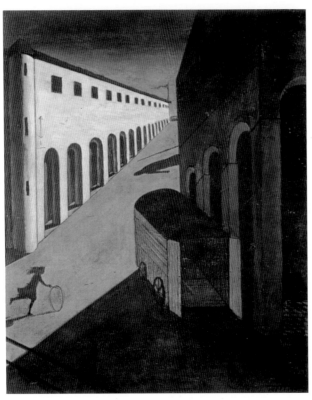

基里科：《街道的神秘與憂鬱》(1914)

畫着兩座巨大的煙囪、一隻大掛鐘。前景是靜物風格的兩枚松果。工業化風格的城市空間，因為奇怪的明暗配置和矛盾的物體比例而顯得怪異恐怖，從牆壁的透視線看上去，地平面也顯得傾斜虛假。這個錶還走嗎？火車是什麼意思？煙為什麼像懸掛的棉團？那兩個可疑的人的投影又代表了什麼？聯繫畫題我們也許能隱約感覺到這是一種對生命、空間、時間、工業文明及人的潛意識心理的揭示。也許基里科的繪畫妙就妙在這些"無言"的夢之謎。

基里科喜歡火車、時鐘、建築物 (有時是古代風格、有時是現代味的街道)、投影、矛盾的地平線和一種黃昏時份才有的強烈光感。充滿了懷舊氣息和神秘色彩。憑直覺去體會作品中孤獨、依戀、不安、緊張的心情，我們會驀然發現自己在某種情境下，竟然也會產生類似的感覺。

3　恐怖——達利

　　薩爾瓦多·達利是個天才，也是一個玩世不恭的壞蛋，不過歸根到底是一位屬於20世紀特定年代的藝術家。達利是個無政府主義者、達達主義者、反文化的虛無主義者。這就是説，他是一個狂妄自大，心中只有自己的自我意識極強的人。從他的肖像可以看見一個完全特立獨行、好出風頭、目空一切的弄潮兒。出生於1980年代的中國青年人可能不一定理解一個藝術家幹嗎要表現出這般的特別樣子，這麼不自然、造作。要知道，第一次世界大戰前後的歐洲真正經歷了一場"文化大革命"，後面我們還要講到這些燒書籍、發傳單、喊宣言、聲言打倒一切、強調人生虛無的"革命家"。達利同志無愧為其中的一位領袖，只不過他更為狡猾。

　　《虛無時間》無疑是達利最有魅力的作品之

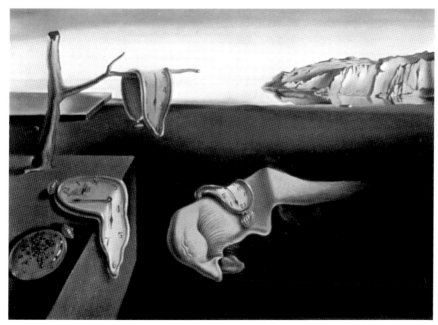

達利:《虛無時間》(1931)

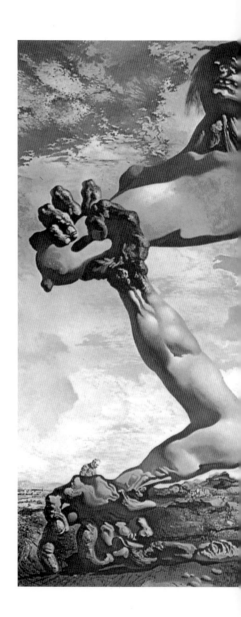

一，單單羅列一下畫中所畫的物品，我們就已不自禁地頭皮發麻、目瞪口呆了。遠景是一片虛無飄渺的山水，中景有一類似臥馬的有機物形狀，而最奪人耳目的當屬這件作品主題的載體——鐘錶，像蠟一樣呈融化狀的錶盤。時間就這麼變了形，不可能，不合情理，但你我都可以理解。達利最初受立體派的強烈影響，後來被超現實主義先鋒布列頓等人所吸引，成為該派極有代表性的畫家之一。超現實主義最常用的表現手法——形象的心理象徵性明確地顯露出現。比如達利在這幅畫裡所用的方法，把各種本來沒有現實關聯意義的形象組合在一起，這些東西自然就呈現出特殊的"意義"性來，而且是每個都不一樣，像左下角前景中的器皿和螞蟻，觀眾看了就會感到肉麻、恐懼，彷彿時間或者生命被"眾生"毫無意義地吞噬着。

在他另一件作品《內戰的前兆》中，達利也表

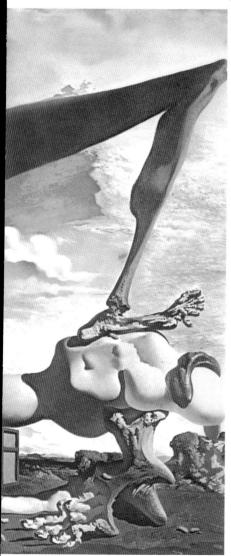

達利：《內戰的前兆》(1936)

現出這種"構想感覺"的才能。該畫還有一個副標題"煮毛豆似的柔軟構成"。這裡的內戰是指當時即將來臨的著名的西班牙內戰。這樣一幅純屬幻想的作品，由於它的不可思議性，強烈的視覺衝擊力和喻意性，給觀眾深刻的印象，似乎一種抽象的預感，被如毛豆般柔軟而又令人毛骨悚然的骨骼與肉狀形體剝去了任何的偽裝，而變得赤裸與直接。

物象本身就是一種詩性呈現。當一件物象進入人的眼時，人所感知的不僅是能指認其性質和名稱的信息，還帶有情感性的意義，這樣你看見螞蟻、看見太陽或看見鐘錶、大樹必然會感到其中特別的情感震撼力。

達利很崇拜尼采這樣的哲學家，也許他們都有着同樣難得的創造性天賦和偏執思想。對於那樣一個時代，這種不羈於傳統道德和思想規範的人格，有着特別的象徵意義和豪邁性。

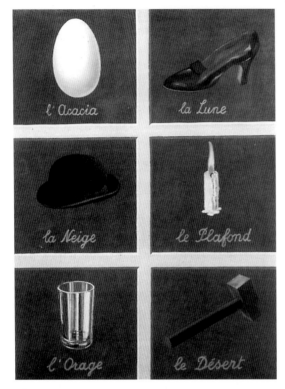

l'Acacia · la Lune

la Neige · le Plafond

l'Orage · le Désert

瑪格利特：《解夢的鑰匙》(1930)，
當這些東西出現在夢中時，確實有它的含意嗎？

4 奇異──瑪格利特

　　一朵玫瑰佔據了整座房間，空曠的海灘上、天空中漂浮着殘缺的人體、樂器和椅子，種種奇異的形象出現在你的面前，這就是瑪格利特所創造的世界。

　　《靴子》是瑪格利特又一件著名的作品，畫面很簡單，一雙黑色的靴子立在木板壁前，不過且慢，注意看靴子尖上，赫然出現的是一雙寫實的人腳，儘管只突出畫了一些腳趾頭。這種將兩種不同形態的物象加以綜合，化成一種矛盾體的方法在現代廣告設計中屢見不鮮，但瑪格利特是首創此種藝術的先鋒。

　　瑪格利特常常使用這些變異、誇張、邏輯矛盾的構思方法去增強作品對觀眾的視覺衝擊力。

　　我們當然可以感到不同的東西，模模糊糊令人捉摸不透。但真的要説明其中的意思，卻是仁者見仁，智者見智的事情，這也是超現實主義蔑視教條、反對平庸的體現。這對觀眾提出一個要求：不要追問畫家真正的終極涵義，要用自己的心靈感官去揣摩自我對待生活的反應。

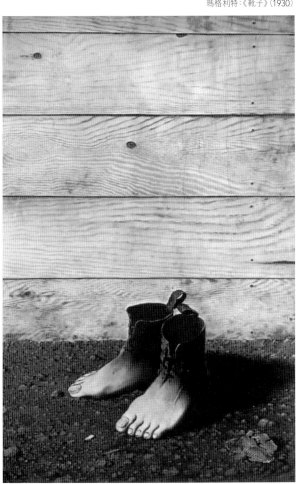

瑪格利特:《靴子》(1930)

就像今天荷里活電影中盡力營造的亂真手法一樣，超現實主義藝術家們也在"亂真"，只不過藝術家們不是靠電腦特技來演示人變成金屬、魔鬼鑽出牆壁的幻想，而是靠形象的隱喻和抽象意味(形象本身的精神象徵性)，他們模擬的是詩人用詞語、音樂家用音符所構建的人的精神結構，現代人的精神結構。

恩斯特：《被夢魔帶走的兩個孩子》（繪畫加拼貼，1924）

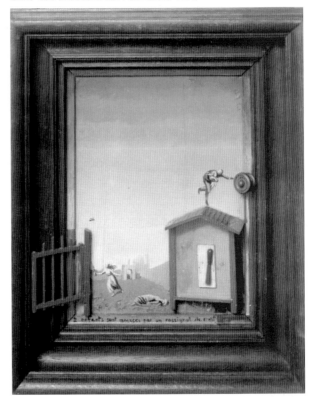

5 厭惡——恩斯特

就像這位刻畫心理入木三分的畫家馬克斯·恩斯特，緊緊抓住世人（只是生活在20世紀上半葉地球西半邊的具體的人）心理中脆弱的一面，把混亂、毀滅和厭惡用強有力的形象符號系統地剝露在觀眾面前。

《馬的圖譜》是恩斯特作為達達主義者時的一幅版畫，一具類似解剖學掛圖的動物圖譜，向人們顯示了20世紀工業化發展給世界所帶來的新的哲學困惑：生命與非生命的關係。也許在恩斯特的眼裡，工業化的文明正把機械植入生命的機體，從而使原來天經地義的生命系統被混淆，而顯得荒唐和毫無意義。就像這頭所謂的"馬"的畫譜，機器零件與有機體肌肉，緊密地結合在一起。假如這幅掛圖掛在課堂上，那應當是哲學課堂。這是超現實主義畫家非常偉大而異於前輩畫家的地方。

虛無的恩斯特所繪的油畫《眼睛》更是一件攝人心魄的作品。刻意營造的恐怖氣氛令人不寒而慄，尤其是在細小繁瑣而又怪異的有機物殘迹中睜大着的眼睛，彷彿正驚愕於世人可惡，可疑而又可憐的生存現狀。

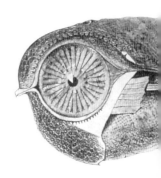

6 神秘——德爾沃

德爾沃有點像基里科，用自己的想像力營造了一個夢遊者的城市。主角往往是穿衣或裸體的青年女子，奇怪的是她們的長相都似一個人，而且面部表情冷漠而茫然，彷彿張愛玲筆下處於自我封閉狀況的"失去精神的抽象的人"。她們無論站立、走動還是坐着，好像沒有什麼具體的行動目的。這種無目的的夢遊在畫面幽暗而空無一人的街道襯托下，給德爾沃暗喻似的藝術形式以一種獨特的形式風格。

說是反傳統的超現實主義，其實恰恰難脫它對傳統的留戀。不知大家有沒有注意，超現實主義是在另一個極端(即不是順延和維護舊的人生秩序)去創立一套對真實人生永恆性的表達。和古典藝術一樣，超現實主義藝術同樣關注生命和世界的終極意義。只不過反思的立場是站在個體而不是群體之上。反思的背景是個體腦海裡、心裡所感受到的想像虛空而不是現實景物。

超現實主義的大多數畫家喜歡採用西方古典造型法去描繪形象，比如街道、建築物、靜物和一些稀奇古怪的東西，或者雖然司空見慣卻讓人感覺古怪的東西。這種方法要強調光影的真實感。簡單來講大多數物體都有高光、交接線和投影。明確的光感和質感暗示觀眾，畫家所畫都是"真"的。這種表現方法比照着虛幻的畫面內容就會產生一種無法理喻的荒誕效果。

把夢中的物象變成可視可觸的現實，讓人在這種轉變過程中體會心理深處的一些隱秘、不可知的東西，就是超現實主義者最常採用的遊戲法則。

恩斯特:《眼睛》(1924)

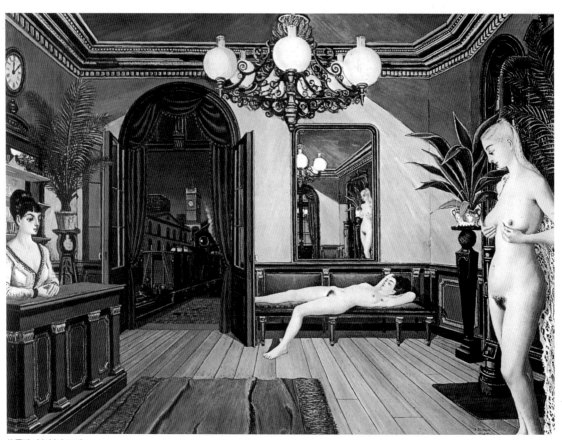

德爾沃：《夜車》（1924）

7 畫夢法門

1.宣稱自己最不理性，最少依靠理性，實際上卻最最需要理性，超現實主義者有時用一些方法來試圖達到創作過程無意識的境界。比如從報章、雜誌隨意剪切一些詞彙，然後胡亂湊在一起，造成一種矛盾、荒誕的結果，或者讓自己處於自我催眠式的無意識狀態，什麼也不考慮，用極快的速度寫下一連串沒有關聯意義的詞彙，組成"超現實主義"的詩句。說起來，在20世紀獨有的氛圍裡，在愛因斯坦的相對論裡，時間和空間都是可以扭曲變形的，世界萬物可以用非常相同的小顆粒如原子、電子來描述，那麼超現實主義者混淆事物的普通概念，而使其發生異變的想法也不是不可理解的。所以，畫夢的第一個法門，就是用理智使自己盡量處於一個預設的非理性狀態，然後盡量自動地(無意識地)把日常的事物或形象變成非日常的狀態。這裡的關鍵是對"日常"和"非日常"的理解。

2.下面具體列舉一些常用的招式：

反轉時空——達利就愛這麼一招，畫中有八重空間讓人分不清哪個才算最合理的空間。版畫家埃舍爾的作品最絕妙地反映了這種時空關係。

拼合物體——把不同性質的物體拼成同一個。

特異的氣氛——用色彩和明暗渲染特別、怪異的環境、氣氛。像基里科和德爾沃喜歡強調的那樣。

矛盾關係——有比例上的矛盾，也有物體性質的矛盾，如瑪格利特畫的鴿子與海洋的比例。

具象與幻象——看上去畫的是特別真實、具體的物質形態，可越看又會越覺得不真實。如超現實主義畫家唐居的畫經常在畫面的下半部畫上鵝卵石一樣的小東西，還很像城市或者骨頭，但越看越覺得像是噩夢中遭受核爆炸厄運的地球幻象。

有機物的抽象形態——有機物特有的結構形態，被超現實主義者抽象出來成為一種比喻方式，頻頻出現在他們的作品中，像恩斯特的《馬的圖譜》中把機械零件與有機體的骨骼、筋肉融成一種形體。

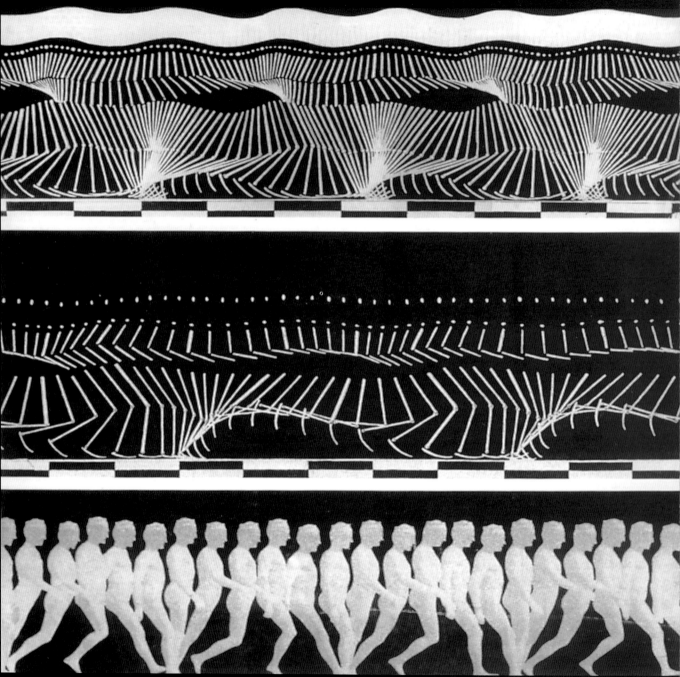

第六篇

時 間 、 空 間 的 再 認 識

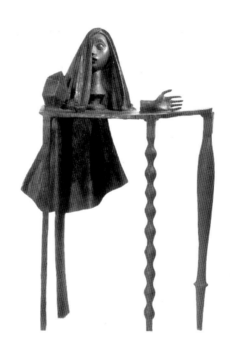

通過美術實踐可以研究任何一種抽象概念，但不是推導一種公式……

1 空間

空間究竟是什麼？有一批像哲學家一樣思考的美術家們一刻也不停地在探索着。我們曾經提到的塞尚、馬蒂斯、克利等都是這樣的畫家。因此說起來，現代藝術就像現代科學一樣，在20世紀完成了幾千年積累下來的探索任務，創立了一整套完善的研究體系。藝術在承擔着表情達意的使命時，也扮演了類似科學和哲學的角色。

現在你可以把一隻手抬起來，向前伸出，你所感覺到的就是空間。我們最熟悉的空間是身體空間。每個人都有一定的隱私空間，在不同的場合，根據親密關係的不同，非常微妙地保持某種習慣了的平衡。一旦這種空間平衡被打破，比如一個陌生人在空空蕩蕩的大教室裡徑直走到你的旁邊，挨着你坐下，你一定會感到自己被冒犯了。

由身體空間可以引發出其他一些類型的對我們有直接意義的空間效應。比如身體的運動過程帶來的連續空間，小到一座

房子，大到一個城市或國家，對我們的感覺來說，空間千變萬化，隨着運動而延伸。建築師和城市規劃師對這種空間樣式及其特性一定要瞭如指掌，才能依照人性的特點去設計傑出的建築和城市規劃作品。

感受空間除了靠身體四肢或者靠時間因素造成的運動，還可以直接以視覺來獲得。視覺空間也是從身體空間的日常生活經驗積累中得來的。最典型的是來自兩眼視網膜影像的透視和立體感。對於美術家來說，腦海中浮現出來的空間也是很重要的，而且往往是產生造型靈感的地方。這已經可以算是虛擬的空間了，其他虛擬空間就更多了，像網絡空間，銀幕上電影的時空感受等。

費了半天勁拉拉雜雜列舉了這麼些空間，其實是為了強調本篇將介紹的空間大師——傑克梅第的研究方向是多麼基礎和本質。

傑克梅第 *(Alberto Giacometti, 1901~1966)*

生於瑞士也死於瑞士，不過他出名可是在巴黎。傑克梅第曾參加過超現實主義運動。對於自己的作品，他總是說要把世界上事物的形象原封不動

傑克梅第作品（1955）

地用寫實的方法表現出來。

　　看一看他的作品，再想想他的宣言，真是覺得無法理解。這就是"原封不動"的含義嗎？

　　大凡美術家往往都有這樣的自信，即相信他所視察、體驗和表現的，是事物真正的意義所在，失去了這種自信就無法成為一個好的藝術家。所以有一個規律，就是當一位藝術家發展到一定階段，假如為生計及名利所困擾，開始懷疑自己的創造力的時候，那麼他的創造力就會真的漸漸喪失。但這種自信於我們旁觀者看來，可能會誤解為自大或者欺人。不過要想理解這種藝術，你應當誠懇地相信某些藝術家的洞察力和敏感程度，之後你就會進入虛擬的藝術空間。

　　所以美術家感應到的事物本質是一種個人獨特的比喻，很形象但同時有其虛幻性。傑克梅第對空間的追思就屬於這類比喻。

　　傑克梅第的作品顯示出了強烈的建築感。藝術家專注於對形體尺度、方向、比例、材料的研究。他最典型的雕塑作品又瘦又高，其比例已接近於某種極端。粗看之下幾乎消除了人的個體差別，個人如建築工地的鋼筋一般硬朗、冷酷。但細細地

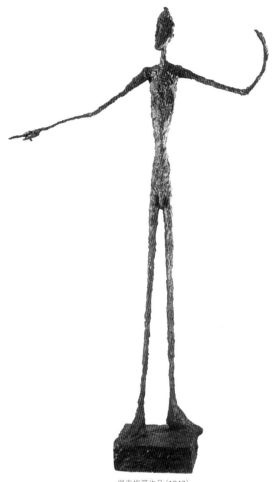

傑克梅第作品(1947)

觀察，許多微妙的細節處理照顧到了性別的差異和身體的特徵。為了加重這種現代人本質的紀念碑份量，傑克梅第的雕塑表面有意處理成出土原始文物的特徵。

把人拉長是一種手法，把人縮短、加肥也是一種手法。對手法我們可以因感覺新鮮而驚奇，但對手法後面隱藏着的藝術家的野心，我們就不一定很容易貼近，但往往這野心都真正表示着藝術家的勇氣和智慧。

亨利·摩爾 *(Henry Moore, 1898~1986)*

另一位典型的空間造型大師是英國的亨利·摩爾。

中國的評論家喜歡將摩爾的作品與我們園林裡常見的假山或太湖石相聯繫。的確，從外形上看兩者都採用了"天然"形體的造型法。彷彿更像是天然而生的自然遺物而非人工雕琢的作品。它們更大的相同在於都強調與環境的協調。中國園

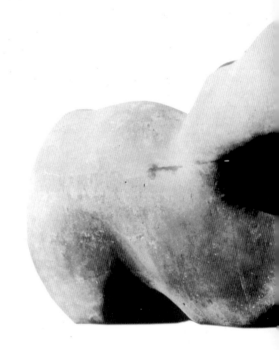

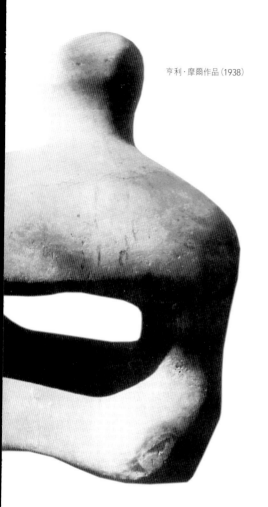

亨利·摩爾作品（1938）

林的石頭放置於庭院中，是要與植物、路徑、亭子、房屋以及通風、採光協調一致的，而摩爾的雕刻更多的放置於荒野、山崗和公園，取其原始與本質的概念。

說了半天，摩爾的空間概念何在，似乎還未見分明。諸位只要留意一下圖片中摩爾作品的空洞，就可以知道。原先的雕塑往往講求體積的穩固、墩實，把作品挖出個洞簡直是無法想像的事情。因為這樣一來，古典雕塑最珍視的靜穆、完整就會被打破。摩爾不把雕塑看作是靜止的，而把它們看作有生命的形體；形體表面的空間不是靜止的，而是可以流動的，像風吹動空氣一樣，圍繞雕塑的空間可以變形、扭動、分散、穿透，雕塑不必是完整的，它只是一個生命的符號，像一棵樹、一根草、一塊石一樣，坐臥天地間，看浮雲流水變換。摩爾作品看似抽象，實際非常具體，他通常愛做的作品是男人、女人、大人、兒童等十分"本質"的生命體。

2 時間——未來主義

時間的本質是什麼？這問題既可以難倒許多哲學家和物理學家，也可以由一個不識字的小童爽快乾脆地答出。考慮問題的角度不同，所面臨的對答案的價值判斷也不同。

在1920年代的現代美術運動中，有一幫意大利人就拿"時間"問題開洋葷。他們扯起的旗號是"未來主義"。單就作品來看，可能會貽笑大方，尤其對於東方文化中培育出的我們，更是超級可笑。像巴拉所畫的一條行走的狗和貴婦移動的腳，為了表示"時間"的延續，狗尾巴、狗腿、婦人的腳被生硬地重複畫了好幾個，就像沒有拍攝好的

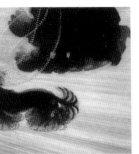

巴拉作品 (1912)

動畫片。再比如一隻鳥飛過窗前的記錄，一盞路燈不斷傾洩的燈光，這些畫裡，時間被如此拙劣而又認真地強調着，彷彿在未來主義者的眼裡，時間、運動是最重要也是唯一被以前的視覺藝術忽視的新東西。在他們的宣言裡，對時間的強調就是抓住了新時代的文化核心。這就是一種觀念的革命。

巴拉作品 (1912)

在未來主義運動的核心人物波丘尼的作品中，我們確認了這種觀念的視覺特徵，那就是運動、運動再運動。像火車站一樣龐大的咖啡館前湧動的人潮，由於運動而變得模糊不清的行走的人形，象徵了工業社會大背景下個人身份的消亡，永恆也變得無足輕重。世人皆過客，匆匆變換的形體與場景，使人發生了異化，並最終淪為一種社會文化的形象符號。

未來主義對大家的身心健康沒有做出更多的貢獻，他們的作品既不賞心悅目，也不陶冶情操，但他們為現代藝術提供了一把鋒利的寶劍，憑着這把寶劍，傳統的觀念徹底被埋藏，人們完全接受了新時代所提出的精神挑戰，現代藝術家被徹底解放。他們施展拳腳，幾下功夫就使得世人改變了對藝術的看法，從此確切無疑地將一個字正式掛牌到了現代美術的門面上，那就是"新"。對新的崇拜、對"革命"的崇拜造就了無視過去、幻想未來的大膽而極端的先鋒藝術。

同時，未來派的畫家們也傳播了一種後來廣泛流行的行為——"宣言"。用語言來闡明繪畫成為

一種革命性的手段。在他們的"未來派繪畫技術宣言"裡，充滿了有力、爆炸的語句："一切模擬的形態都該受到鄙視。""對於過去的畫家來說是真理的東西，對於現代畫家來說已成了謬誤。"也許從某種意義上說，這些觀點比他們的繪畫作品還要有力。不管作品是不是達到了宣揚的結果，歐洲很快就像熱愛英雄一樣關注起未來派的藝術家們來。不過也還有一些人(包括法國著名詩人阿波利奈爾)把這些意大利人稱為"十足的白癡"。

不過，今天的大學生們還不能僅僅把未來主義當作一場鬧劇來看待。你接觸現代藝術越多，你越會了解未來派對後世產生的影響。

比如對時空的理解，未來主義關心的不是現實，而是概念。恰如當時的哲學和物理學新發展一樣。未來主義者們認為"空間不復存在……。我們的身體穿透我們的沙發，沙發也穿透我們的身體。"

也許你會說，這些思考本來應是哲學家的事，美術就研究怎樣畫出讓人覺得美的事物就夠了，何必去搞這些思辨呢？我想再一次提醒你：現代社會已經不是安靜、孤立、井然有序的古典時代，現代人也不是安份、順從、與世隔絕的傳統人(尤其在西方的社會文化制度下)。藝術家既然是社會中負有特殊使命的精神先行者，焉能不去思考那些很"哲"的問題。

未來主義者明確地告訴大家：藝術當隨時代，一個時代只有一種藝術形式最適於表達它。你就算是達文西再世，用文藝復興的那套樣式也遠遠不能表達新時代的文化內核。未來主義這一套理論被廣泛討論，影響深刻。在它之後，大眾越發感到無法跟上先鋒藝術家想像的翅膀了。

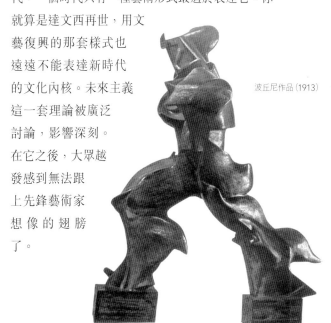

波丘尼作品 (1913)

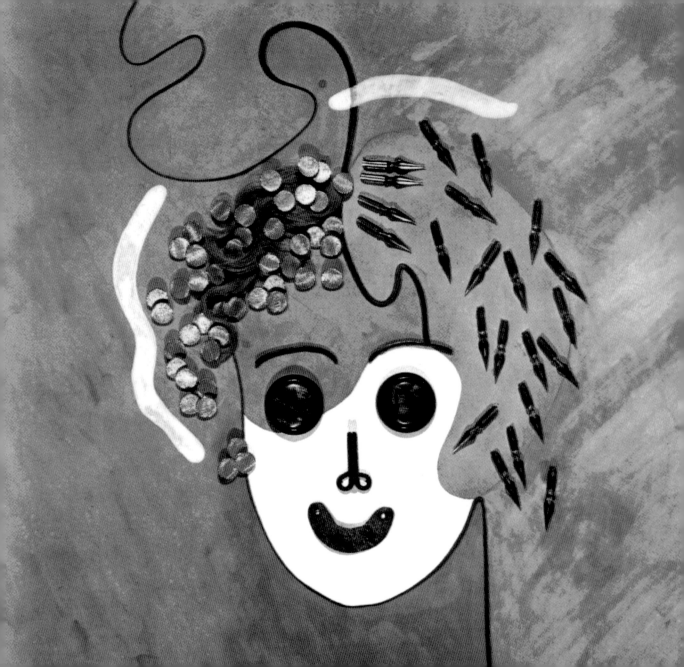

第七篇

美術的大眾化與邊緣化

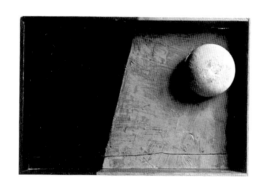

人人都搞美術或人人都不搞美術，都意味着美術要玩完……

杜象：《泉》(小便池實物，1964)

1 頑主或禪師

行文至此，讀者們可能還是搞不清現代美術的整體面貌，這可不能全怪我，實在是因為現代美術的流派太繁雜，觀點也太多。而且它離我們這個時代還有點太近，我們無法分清重要的或不重要的，無法刪除那些將被歷史擦去的東西。比如法國一個名為杜象的人搞的東西就可稱之為難題，喜歡他的人將他讚譽為能使人醍醐貫頂的大禪師，或警醒世人、洞察未來的天才，不喜歡他的人則貶他為無賴、白癡加騙子，一個因"沒有"繪畫才能而熱衷於嘩眾取寵的投機分子。真應了那句話——蘿蔔白菜，各有所愛。

不管怎樣講，杜象的影響是有目共睹的。

看看他是怎樣把繪畫界搞得一團糟的：

首先，他把《蒙娜麗莎》毀了。他在這幅最知名的大師最知名的作品中，最美麗的肖像臉上那最為大眾着迷的微笑的嘴角上，加了兩撇滑稽而又神氣的鬍子，從此對繪畫提了一個可怕的問題，他的這種作品是不是藝術品？請注意，這兩撇鬍子是畫在印刷品上面的，作品有杜象的簽名。

其次，他把一座小便池搬進了美術館，在其上簽上大名，作品即告完成。他將之命名為《泉》。

還有，他將一架自行車的前輪倒着放在展架上，再一次提出現成物品能否算作藝術品的問題。

有關杜象的問題還得回溯到第一次世界大戰前後。那時歐洲人的生活受到了重創，精神支柱也崩潰了。關於這一點，有興趣的朋友可以讀讀梁啟超先生的歐遊心得文章，那裡面有許多證明以歐洲為中心的西方文化行將覆滅的例證。當精神文明隨着歐洲舊的政治秩序一起被大砲、子彈和屍體毀滅時，美術焉能獨存。由於戰爭，人們普遍對自詡英明的政府感到失望，不管是德國政府、英國政府還是法國的；由於戰爭，畫家失去了搞傳統藝術的興趣，戰爭的消極因素，使過去看來完美的藝術秩序顯得那麼虛弱無力和毫無建設性。這樣一個時代需要一種新的藝術，這種藝術應該是完全自由的(因為政府毫無意義，理性只是帶來戰爭)、沒有什麼限制的、奇特的、狂熱的、玩世不恭而新鮮的。

杜象現在成了這種新藝術的代表。最先為他捧場的是遠隔重洋的美國人。1913年，在那次紐約舉辦的名為軍械庫展覽的著名畫展上，歐洲那些已經成名的和未成名的畫家作品吸引了眾多的美國觀眾。而最引起眾人注目的就是杜象的一幅油畫《走下樓梯的裸女》。其實這張畫只是杜象用立體派手法對古典藝術所作的一次嘲弄，不過對於富有而沒什麼傳統文化的美國人而言，這已經足夠了。有錢

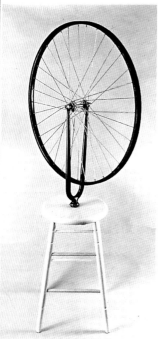

杜象作品 (1964)

就好辦事，美國人也有自己的文化野心，想創立一種屬於美國的新鮮美術，眼前這些大有爭議的畫和藝術家給了他們一個契機。於是，杜象，還有畢卡比亞 (他的戰友)，後來還有德庫寧、波洛克等在美國大展鴻圖，開創了一代新事業，到第二次世界大戰時紐約已成為新藝術的中心。

在當時看來 (我想和大多數讀者此刻的看法相同)，杜

象所幹的一切意味着與藝術的決裂，杜象的家人尤其這樣認為。他們一家人都是藝術家，而杜象在家中的地位只是一個想考美術學院而未能如願的美術學習班學生。沒想到這學生一扔畫筆就成了偉大的藝術家。

杜象的理論核心，是要尋找 (或者靠直覺與洞察力) 使用某種新的手法來表達這樣一種觀念：一件藝術品並不只是供人看的，而更重要的也是讓人思考的東西。強迫人們去思考藝術品的方法，就是把它從藝術的傳統範疇解脫出來。

於是杜象放棄了用畫筆去畫傳統的架上繪畫。他搞的作品簡潔、精練、不可重複，有些甚至無法保存，但每件都像一枚重磅炸彈，宣告一種哲學式的思想，而這種思想又是詩一般無法言說、解釋。你越是想要弄清真意越覺得作者荒謬和無理，但當你將作品遺棄時，又會覺得它與時代的聯繫如此緊密，似乎意味深長。

坦白地說，我 "看不懂" 杜象的作品，比如那件名作《被單身漢們剝光了的新娘》(又名《大玻璃》)。因為我不曾生活在杜象所處的文化之中，不能明瞭他對作品中玻璃、機械、工業品等使用的含意，更

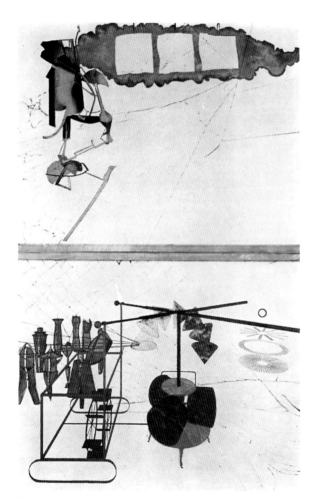

杜象:《被單身漢們剝光的新娘》(玻璃‧綜合材料‧1915~1923)

何況杜象是作為一個"禪師"的形象存在於西方現代藝術的追隨者心目中的。禪豈能被輕易理解。

那麼,在這種情況下我還能對他再談論些什麼呢,我想有把握的是以下幾點:

1. 杜象給了西方人一個啟示,即個人能通過某種自發的、下意識的和觀念的聯想達到某種深刻性,類似於東方式的悟。不需要傳統的畫石膏像、練素描、練寫生等一系列基礎學習,就能達到新時代藝術的精神深度,這就進一步突出了藝術是精神產物這一屬性。

2. 杜象使用的是嘲諷加戲謔的手法,這種認認真真的玩世不恭,成為了商業社會(工業文明後期)的流行藝術手法。

3. 杜象的成功證明了機會的重要性,投機分子成為藝術家,藝術家變成投機分子,不過這種投機不一定是指出名、掙錢,指的是文化上的投機,即創造、發明一種新思想、新文化。誰佔據了新思想的制高點,誰就是藝術大師。

您來說說,杜象是胡鬧的頑主還是睿智的禪師。

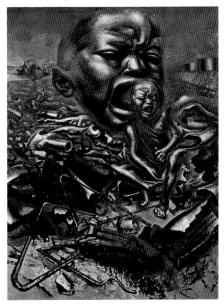

David Alfaro Siqueiors 作品 (1937)

2 美不見了

　　你已經看見，我們書裡的插圖越來越不"賞心悅目"了。令人愉悅的美感不見了。到哪去了？被高超的現代美術拋棄了、超越了、蔑視了。美不再是美術研究的對象 (聽起來有點可怕，但這是事實)，而只是思想的附庸。一件作品可以是不美的，但不能沒有超人一等的、深刻的或者新鮮獨特的、令人震動的觀念。推其根源，有人說是黑格爾的美學和哲學終結了美術中美的使命。所有一切感官的美最終將為哲學終結，美術終將消失。這個問題太難討論，咱們還是來點實際的吧。反正，在大多數現代藝術裡去"陶冶情操"是不可能的事。這個結論千萬不要讓道學家、家長或領導們知道，否則現代美術作品統統都該被禁止觀看了。

　　但我們也不宜太功利，看美術作品就一定要獲得身心上"美的享受"嗎？做一個酷點的現代人吧，用你善良的心去理解、擁抱那些一門心思創造新形象、表達新思想的藝術家吧。你看他們也怪可憐的，為了傳遞出社會的文化特質，表達個人的藝術觀念，有的人被大家罵，有的人飢寒交迫 (成功的人畢竟寥寥可數)，有的人最後瘋了、自殺了。再說，平時大家情操也都被陶冶得差不多了，又何必在乎美術這一點呢。

　　學習現代美術，學的就是這點深刻性，而且要既有深刻的思想感覺，又讓人覺得不正經。這就神似了。

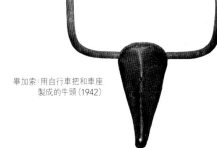

畢加索：用自行車把和車座製成的牛頭 (1942)

3 天使不再在人間

　　雖然美術家不再是美的使者，但現代美術家的地位卻並不降低。由杜象、未來主義者或表現主義畫家自命的社會使命可知，他們將自己定位於社會精英。換句話說，這些藝術家與普通的老百姓是不一樣的。他們的使命是要創造發明出一種語言，這種語言可能是難懂的。傳遞的內容是類似傳教式的警世格言或詩意。

　　對這些藝術家，普通人開始是震驚、欽佩，繼而是迷惑不解和不安。也許是古典美術建立起的崇高威望，也許是每個人心中對美術的純真嚮往，使得象牙之塔依舊高不可攀。碰到現代主義畫家，更是敬畏有餘而親近不足。所以對於大多數世人而言，在19世紀末、20世紀初達到的文明社會對藝術的熱情，被現代藝術的這一群玩家們搞得略有些尷尬。由於現代藝術家的定位首先是要有個性，其次要有新意，所以必將出現對作品解釋的困惑。美術家不再是美的天使，更像是獻身藝術的傳教士。這怪藝術家嗎？似乎也不對，藝術家是認真而執着的，何況藝術的發展結果怎能由個人的主觀意識決定呢。看來是"皇帝的新衣"還是"天才的傑作"，完全在於作者與觀畫者兩方面語言交流的可能性了。

　　事實是，美國人比歐洲人更容易接受現代藝術，他們對於這些簡單、怪異的作品大加讚揚，廣泛宣傳，花出大筆的美元購買現代藝術家的作品，並頻頻舉辦歐洲和美國有新意的畫家的作品展。比如杜象的《走下樓梯的裸女》引致大眾的爭論關注，很快被一位從沒見過此畫的人打電話買了下來。以美國富有階層為核心的收藏隊伍，很快確立了現代藝術的崇高地位。美元勝過千句評語。

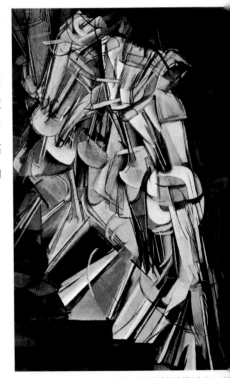

杜象：《走下樓梯的裸女》(1912)

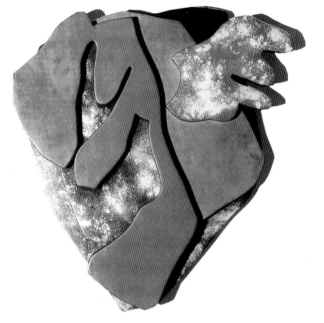

阿爾普作品 (1916)

4 發明創造加分解破壞

　　杜象與他的同夥(不一定是同一個立場的，可是趣味相近)被美術史家劃歸為達達主義。

　　嚴格來説，達達主義並不是一次藝術運動，實際上它反倒是過去藝術的否定和摒棄，它的目標不光是繪畫，還要對詩歌、文學、社會關係以及戲劇表演等進行分解破壞。達達派的藝術家在20世紀第二個十年裡樹立起了至今還沒有被取代的先鋒派藝術的榜樣。

　　達達主義核心人物阿爾普 (Jean. Arp) 後來寫道 : "在達達主義那個美妙的時期，我們憎恨和鄙視過分追求細節與矯揉造作的創作習慣。我們無法忍受那些'巨人'在對待精神問題時，那副超脱世俗的模樣。"……"當我們仔細和嚴格地審察時，那最完美的畫也僅是一幅令人討厭的、陳舊的、近似於一碗乾了的麥片粥，一幅荒涼的月球火山口景色。"看來達達藝術家對傳統風格的作品真是達到深惡痛絕的地步。美術史上的革命派很多，但像達達派這樣鮮明偏執地反文化、反傳統的流派此前還未有過。他們燒掉書籍、毀掉作品，搞各種即興表

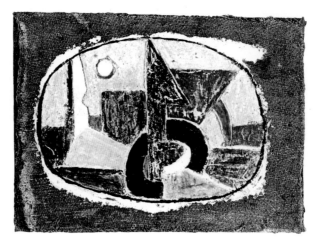

Marcel Janco 作品 (1919)

演和無意識創作。比如一位羅馬尼亞的達達詩人扎拉在創作詩歌時，先把報紙上的文章剪成小塊，再把它們裝進一個口袋搖晃，最後打開口袋讓紙片散落，稍加整理，這些偶然組合的文字就成為一首新詩。達達畫家阿爾普在絕望時把一幅畫撕碎扔在地上，過了一會他卻意識到，這也是作畫的一種很有效的方法。

達達藝術家發明了使用最普通的材料創造奇迹的創作方法。對他們來講，剪刀、橡皮膏、麻袋布、紙、木頭、廢棄的物品等等，都是與上好的畫布、油彩一樣有效且為"更高級"的材料。也許他們是最早具有環保意識的人，因為正是這些藝術家喚醒了掩藏在那些被人們不屑一顧的廢物中的生命，

就像杜象發現了舊自行車輪的價值。

說起來，這些思想真的是在很革命的心理狀態下產生的。在達達派眼裡，傳統藝術所擺出的那種精神地位的高級、高檔、高雅、高姿態是對第一次世界大戰中流血、流淚的苦難人民的漠視。在當時的文化氛圍裡，人們不愛妥協、中庸而愛鬥爭、偏執，於是才有了現代藝術上演的這一幕幕戲劇。所以即使你對達達派不以為然，也不要將他們當作瘋子，要看到他們理想主義的一面，要感受到他們創造的熱情和勇於實驗的膽量。達達主義不單單是一場藝術運動，而且還是一種政治行為。其主要目標之一，就是要通過一系列的發明創造，來分解破壞傳統藝術的價值觀，使藝術變得大眾化、社會化。

5 美國佬來了

前面講到杜象在美國大出風頭，成為一代宗師。此時歐洲還對美國人的反應漠然處之，因為在歐洲人看來，美國還是一座文化沙漠，美國人對於歐洲文化只有崇拜和學習的份兒，哪裡談得上創造先進的文化。今非昔比，一部荷里活電影就可能在幾個星期內席捲整個歐洲的文化市場。這種文化地位的變化始於第一次世界大戰，而完成於第二次世界大戰。這跟錢有關係，因為美國在兩次大戰中都發了戰爭財，但又不僅僅是錢的原因，因為美國的文化界向來重視藝術，善於吸納新東西，而且美國人聰明地知道傾銷文化比單純地傾銷商品有效和長久。也許我這麼說有點冤枉美國，因為我對大多數來自美國的文化和商品都慷慨地笑納了。但藝術史家也這麼認為：20世紀中後期以美國為核心舞台的現代藝術，正是商業時代特殊的文化現象。在這裡，如果你不換用商品經濟和消費文化的眼光去看待藝術品，你必將因為困惑或厭惡而逃離藝術。

藝術向商業投降，一部分內容是藝術家為了表現商業社會的特徵，如下一篇介紹的普普藝術，另外就是藝術家為了獲得承認，使作品得以售出而改變自己的創作風格與理念。社會諸形態的變化，使得第二次世界大戰後的現代美術主流發生了顯著的變革，不過依然延續着現代美術原來的主線，更深地走進大眾化和邊緣化的雙重境地。

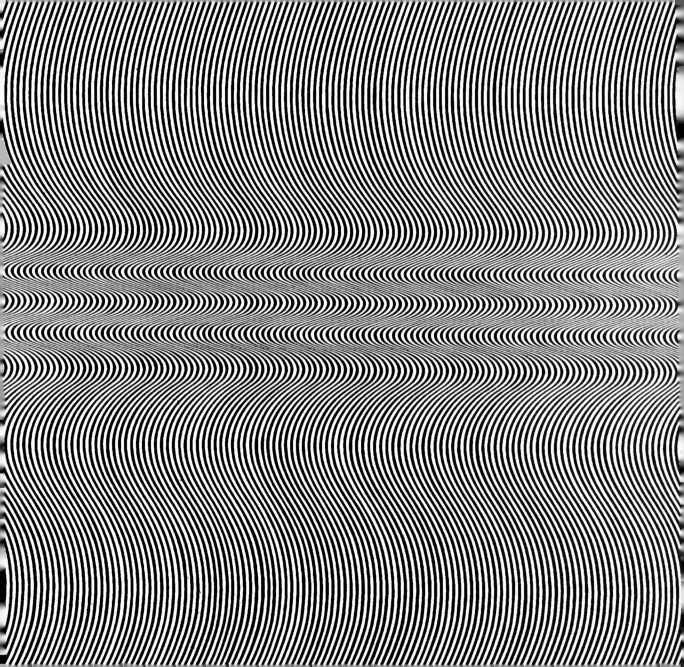

更多的現代主義流派

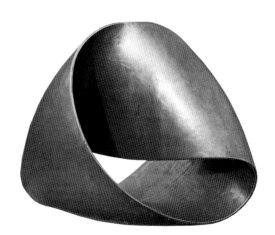

多多益善，不加篩選，有些藝術家看着像流氓，實際可能是天使，相信嗎？……

1 美術解體

　　至此我們已經介紹了抽象主義和超現實主義，下面該是抽象表現主義使形象徹底消失了。為了不過於陷入後來的藝術家所宣揚的理論，保持大家新鮮的感覺，我想盡量採用直截了當的方式呈現作品。通過描述藝術家與作品本身的特性，大家自會感到這種藝術的涵義。現代主義藝術說簡單也簡單，只要你參與思考，保持感覺的敏銳性就行。對現代藝術的判斷往往來自直覺，就像美國一位藝術史家解釋現代藝術作品時說的："為什麼要把它看作一件藝術品呢？要讓它成為一件藝術品，只需要諸因素的結合能使人感到一種顫慄……"。"顫慄"與否，只有觀者自知。

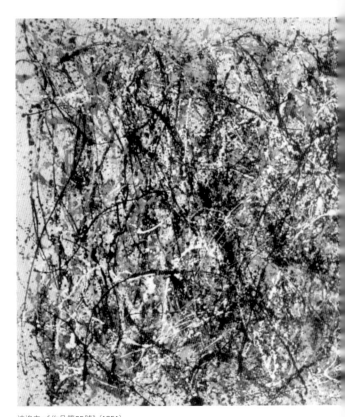

波洛克：《作品第25號》(1951)

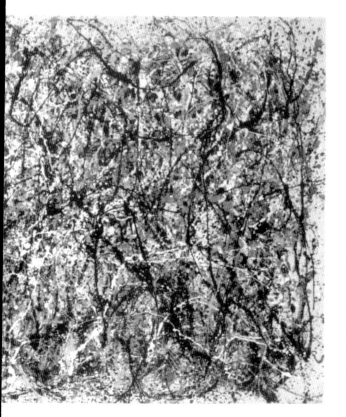

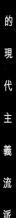

2 抽象表現主義

　　以美國的波洛克為代表的抽象表現主義，在第二次世界大戰後到整個1950年代達到全盛。這些畫家大都愛創作巨幅繪畫，畫面效果宏偉、氣勢懾人。他們醉心於形式的張力，對色彩、線條、體塊、形狀、肌理、材料質感等進行了無窮的探索。這種純形式的探索，最終徹底消滅了繪畫中形象存在的必要。繪畫本身成為一個"物品"。繪畫不是靠畫面中的人物、風景、靜物或其他什麼形象去體現它的價值，用繪畫本身的顏料、材料、構成及視覺效果，就足夠體現它的價值了。

　　抽象表現主義，又稱行動畫派或紐約畫派，畫家們很重視在畫面上留下藝術"行動"的痕迹。讓我們欣賞一下波洛克的典型作品《作品第25號》。從畫的標題可知，畫家用編號來確定作品的內容，是將作品當作產品來看待，彼此之間並無意義上的差別，就像工業產品，是"生產"出來的。這在古典時

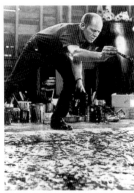

波洛克的典型畫法
就是站在畫布上滴灑顏料

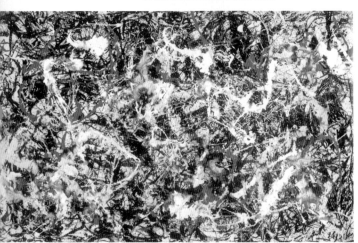

波洛克作品（1952）

期不可想像，但在現代藝術中卻成了工業化社會的藝術創作方式。波洛克創造了著名的滴灑畫法。他手提顏料桶，在平鋪於地的畫布上邊走邊滴灑顏料。畫家在作畫之前並不知道他要畫什麼，只是在畫的過程中，不斷修改、添加、刪去，這樣做是因為"一幅畫有它自己的生命。我只是想辦法讓它浮現出來"。對於行動畫家來講，畫布像一個行動的舞台，畫布上進行的不是一幅畫，而是一個事件。

當然，我們不會真的相信一幅畫是有生命的，畫家讓它"浮現"出來的，畢竟還是畫家個人的想法、風格，只不過"浮現"的方式比較隨機、偶然、下意識而已。當我們觀看波洛克的作品時，依

馬特維爾：
《西班牙共和
哀歌》(1950

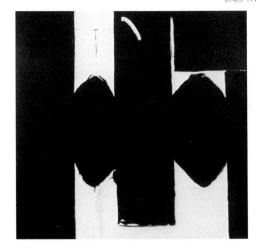

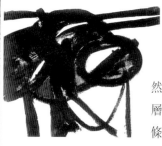

克萊因作品(1950)

然會感到興奮、好看，因為那層
層疊加的色點、任意揮灑的線
條，的確能帶給我們形式的美
感，讓我們覺得好看。抽象表現主義畫家馬特維爾
(Robert Motherwell)則喜歡豎、點、豎、點，他很固
執，因為20年來他只畫豎與點，作品標題也一直是
《西班牙共和國的哀歌》，畫中的玄機妙意，恐怕
只能靠觀眾自己去參悟。

克萊因(Franz Kline)用黑白兩色構成作品。黑
色的筆道粗重有力，線條的搭配交叉錯綜複雜，充
滿偶然的效果，有些類似東方書法中的抽象筆法，
不過克萊因本人否認與書法有任何關聯。我們最好
也只把其作品當作構成來理解。

德庫寧(Willem de Kooning)原籍德國，其作品
保留了德國表現主義的部分痕迹。他的有些作品還
有依稀可辨的形象，如女性形象。不過他的用筆用
色和造型，已經完全脫開了傳統繪畫的束縛，非常
直接與潑辣。

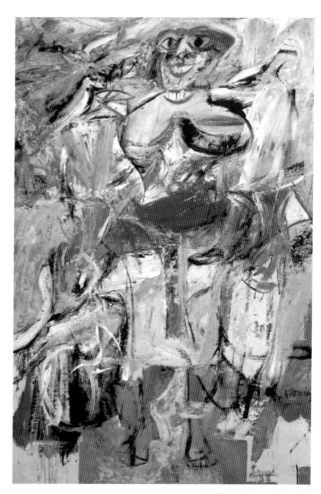

德庫寧:《女人與單車》(1952)

高爾基:《構圖》(1947)

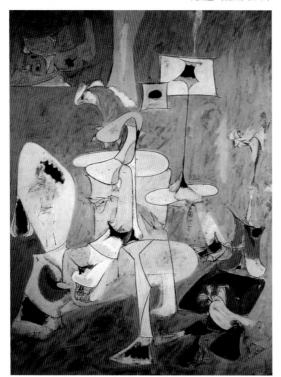

高爾基(Arshile Gorky)的藝術生涯較短，1948年自殺身亡。他擅長用黑線和一塊塊色彩區域，創造神秘而幽默的抽象意味。

羅斯科(Mark Rothko)是位神秘主義氣息很濃的人，他喜歡在畫布上平塗大塊大塊的色域，一層層反復疊加，造成色彩間微妙的對比和滲透。喜歡平塗大塊色域的畫家還有紐曼，他的畫總是一塊塊的矩形色塊，極為簡單(或者說簡潔，因為其表達的內涵據說是"崇高")。

羅斯科:《作品第8號》(1952)

馬列維奇:《白色底子上的白方塊》(1918)

還有更加極端的萊因哈特(Ad Reinhandt),他畫的《抽象繪畫》,除了平塗畫面的棕色,幾乎什麼也看不出來。他的"黑色繪畫"是在黑底色上畫的黑色十字,都黑到一片去了。這也許就是作者希望的"超時間、無風格、無盡頭、無死亡、無生命"的超脫境界。"繪畫已走到自身的最盡頭",這是"人們所能畫的最後的繪畫"了。

還有更絕的(是絕境的絕,不是絕妙的絕),畫家弗朗西斯在1967年前後,創作了一幅名為《繪畫》的繪畫。就是一塊空白的畫布。這比1920年代馬列維奇所畫的《白色底子上的白方塊》更進一步,徹底宣佈繪畫進步的極點已經到達,不用畫一筆就可完成的繪畫一經出現,"無畫而畫"、"大影無形",那麼繪畫剩下的命運就只能是被超越了。

3 歐洲的戰後藝術

第二次世界大戰後的歐洲同時出現了類似美國抽象表現主義的抽象畫風。其勢頭強勁，猛如潮水。抽象藝術在巴黎已成為名正言順的官方主流藝術。

畫家馬蒂歐 (G. Mathieu) 擅長即興創作，在觀眾面前，一氣呵成地創作出有意義的"符號"。西班牙名家塔皮埃斯 (A. Tapies) 用石膏、紙、顏料等綜合材料製作類似門、窗、牆的作品，利用寫、畫、塗、刺、刻、刮等技法，體現材料和物質本身引人入勝的微妙情感反應，以此表達他的社會、文化觀點。

方塔那 (L. Fontana) 以刀代筆，在畫布上劃出優美的幾條弧線，以此象徵繪畫平面的多元性。欣賞太多這樣的作品，觀眾自會厭煩，但偶爾看幾件，還是覺得蠻新鮮的。也許這就是此類作品得以在當時走紅的真正原因 (多粗俗的一種猜測)。

在歐洲，把抽象繪畫推向極端的，是一位叫伊弗‧克萊恩的畫家。他在1940年代中期開始畫單色畫，只在畫布上平鋪一種純色。1950年代

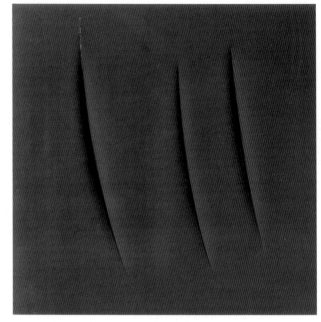

方塔那的概念繪畫 (1960)

後，他只用藍色。因為畫家覺得藍色是最純粹、最普遍、最形而上的色彩。看來克萊恩也是位幻想純粹的玄學家，他要通過這種"空空如也"的繪畫表現空無本身。1958年，他在巴黎舉辦過一個名為"空"的展覽，那是真正的空，因為什麼也沒有展。

寫到這裡，不禁想起一段笑話：一位畫家展出一幅畫，畫是空空如也的畫布，標題為《草地》。有人問他：草呢？他說：被牛吃了。牛呢？別人又問，他回答：吃完草走了。也許這笑話放在此處有

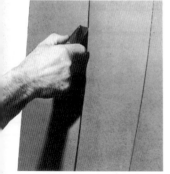

方塔那以刀代筆，在畫布上劃出
優美的幾條弧線。

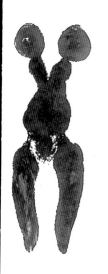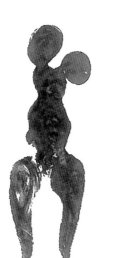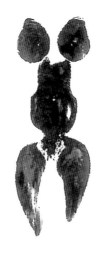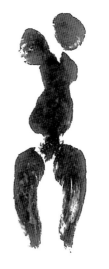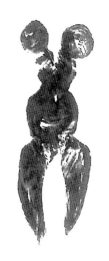

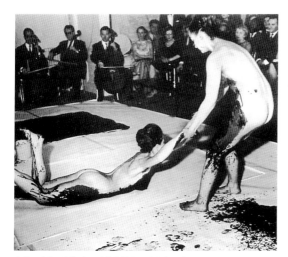

克萊恩的身體藝術，在巴黎美術館內的表演 (1960)。

些殘忍，因為抽象藝術並非都是這麼簡單、無聊，它帶來的哲學、美學上的思辨成果是不容忽視的。但大眾卻也看出，抽象到了極致的繪畫也是栽培騙子和投機分子的沃土。當繪畫藝術和大眾成為如此關係的時候，這藝術就有些乏味了。

接着介紹克萊恩，因為他又往前走了一步，這下真的超越繪畫了。畫家讓裸體的女模特兒身上塗滿藍顏料，然後在紙上表演，留下痕迹。這時的藝術家不再是創作的主體本身，他只是策劃一個事件的進行，他安排場地、燈光、樂隊、宣傳、觀眾直至事件完成。這就已經像是後來流行的事件藝術了。

第八篇　更多的現代主義流派

145

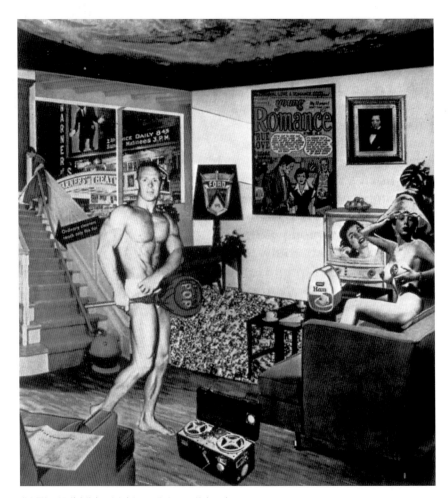

漢密爾頓:《是什麼使今天的家庭如此不同,如此吸引》(1956)

盧森堡:《交織字母》(裝置·1955)

4 普普藝術

普普藝術是1960年代一種國際性的藝術現象,反映了西方商業文明和消費文化的特殊風貌。早期普普的代表人物有英國藝術家漢密爾頓(R. Hamilton)。"普普"即英文"Popular",流行、大眾的意思,簡寫為"Pop Art"。它繼承了達達派的衣鉢,喜歡將日常用品、現成物品或工業製品、有用的或沒用的,總之,只要是生活中常見的東西都統統拿來用作藝術品。用漢密爾頓的話說:普普藝術是一種"大眾的藝術,是短暫的、廉價的、大量生產的、年輕的、刺激的、性感的、巧妙的、誘人的和大量傳播的。"這種形容有點像形容冰淇淋、可口可樂、麥當勞或者流行感冒。的確,現代商業社會的表面就是由這些特徵構成。不管承認與否,1990年代末的中國都市,也隨着商業文化的成熟而呈現出這種特點。

漢密爾頓的畫,有些像複製出的廣告、卡通或明信片等用於大眾消費的圖像。通過這種複製,既讓人醒悟到自身所處文化的特徵(因為說實話,普通人不給人點醒,是不會認識到這點的),又是對商業傳播方式的一種借鑑與嘲諷,普普藝術總有那麼一種玩世不恭的樣子。

1963年,美國紐約的古根海姆博物館舉辦了一個名為"六位藝術家及其物品"的展覽,這標誌着美國普普正式登上歷史舞台。這六員大將後來都成為美國現代藝術英雄式的人物。在此我們對其中的四位略作介紹,由我們中國的世紀青年對他們作一番評判。

第一員大將是盧森堡(Robert Rauschenberg)。他是一位撿垃圾大王。他喜愛複雜、含糊、多義。他把撿來的垃圾(有可樂瓶、木頭塊、廢報紙、爛布頭、破磚頭、機械零件、傘、鞋……應有盡有)按自己的感覺重新組裝,或塗上顏色、或寫上文

字、或進行出乎意料的搭配，完成後就放置在美術
館，由觀眾最終實現作品的意味。當人們看到這些
熟悉得不能再熟悉的東西以一種陌生的面目出現
時，不禁為之震動。普普藝術家把生活本身當作一
幅宏偉的圖畫，他們不再專注於生活和藝術之間的
界限，將"繪畫"推到生活的懷抱中去。在一件名為
《交織字母》的作品中，盧森堡放了一隻山羊標本，
上面塗着顏料。身上套了一隻橡膠輪胎，周圍和下
面還有一些垃圾似的廢物。這就是盧森堡的"藝
術"。實際上，他向觀眾提供的只是生活的部分，
有沒有藝術，全得靠觀眾自己的參與。也許這正是

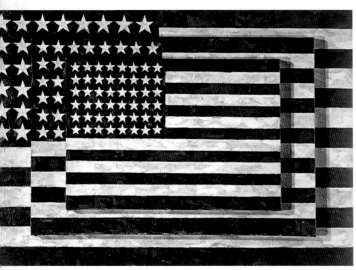

瓊斯：《三面旗幟》(1958)

沃霍爾：《瑪麗蓮·夢露》(1962)

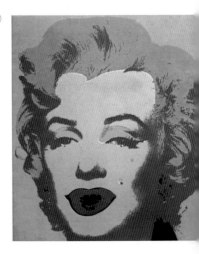

他與眾不同的地方。聰明、機敏、頑皮的盧森堡1980年代的世界巡迴展覽專門安排了中國站，當然作品也就是由在中國拾到的垃圾組成的。只可惜國情不同，美國英雄並未在老實認真的中國觀眾面前變出魔術，反應平平。我想，要麼盧森堡給中國人展示的並非是中國人熟知的生活，要麼未進入商業時代的中國人還不能從作品中創造出藝術。

第二員大將名為賈斯珀·瓊斯（J. Johns）。他不像盧森堡那麼花心，他喜歡認準一件日常用品，不斷地表現。比如出名的美國國旗畫。畫的就是星條旗，人人都熟悉的東西。而且畫法也比較隨意，平

平常常。這國旗本身並沒有太多的意義，但正是這種無價值、無意義和司空見慣給觀眾帶來了震動。越是平常視而不見的東西，越容易在特定的環境和方式中給人們以強烈的新鮮感。

第三員大將是安迪·沃霍爾（Andy Warhol）。他最出名的作品是大量複製名人肖像。瑪麗蓮·夢露、甘迺迪、貓王皮禮士利、伊麗莎白·泰萊、斯大林甚至毛主席都曾被沃霍爾複製過。用絲網版畫的手法很容易將照片成百上千地複製出來。他不厭其煩，一遍一遍地製造、製造。正如畫家所言：大家都互相相似，大家都以相同的方式行動……所有

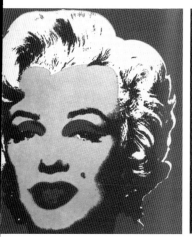
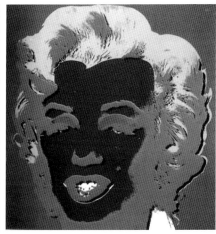
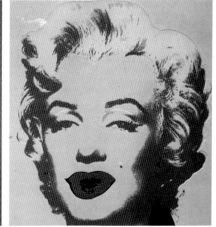

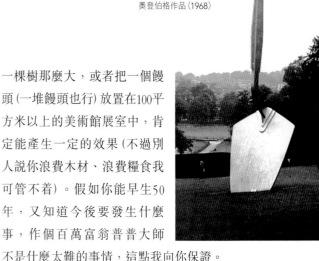

奧登伯格作品 (1968)

的可口可樂都是一樣的……我之所以要畫畫，是因為我想成為一架機器……我覺得大家都應該是一架機器。藝術家設想自己是一架機器，設想大眾是消費的機器，設想名人肖像是大眾最愛消費的商品，我們這下就清楚地看見普普藝術作為消費文化象徵的情景了。

最後介紹的大將是利希騰斯坦 (Roy Lichtenstein)，一位卡通畫家。不是真正的卡通連環畫家，而是專畫類似卡通的"純藝術"的藝術家。他把卡通形象用印刷網點的效果放大，繪在巨大的畫布上。故事取材於典型的卡通情節或英雄美人故事。看他的作品，確有一種浪漫和感人的意味。日常事物一經放大或換一種背景，自然產生出巨大的震撼力。讀者朋友們若要嘗試普普的手法，可以試著將生活中最常見而離不開的東西，放大或者擺到一個特定的場所。比方說把一把椅子放大到

一棵樹那麼大，或者把一個饅頭 (一堆饅頭也行) 放置在100平方米以上的美術館展室中，肯定能產生一定的效果 (不過別人說你浪費木材、浪費糧食我可管不著)。假如你能早生50年，又知道今後要發生什麼事，作個百萬富翁普普大師不是什麼太難的事情，這點我向你保證。

其他的普普藝術家還有奧登伯格 (Claes Oldenbuy)，喜歡用布、織物等放大複製一些日常物品，如開關、杯子、煙頭等 (瞧，我說的方法沒錯吧)。羅申貴斯特擅長製作廣告畫，把亂七八糟的消費圖像塞進一個畫面中。丹因將實物粘在木板或畫布上 (這種手法也很容易學)，還有像文塞爾曼一樣將實物與畫拼在一起的方法等等，不一而足。據說普普藝術家是真心真意地喜歡他們用的這些材料，因為這些材料給人們帶來了歡樂。這既是一種諷刺也是一種讚美。

與普普藝術同時，在歐洲也有被稱為新現實主義的流派，其主旨也是將大眾熟悉的一件物品

利希騰斯坦作品 (1965)

"改變"以吸引大家的注意力，從而達到"感悟"藝術的目的 (也許叫啟發大家感悟生活更對)。像阿爾芒就是通過砸來改變物品形象的。其最著名的行為就是砸碎、切割、焚燒樂器。他曾將一架鋼琴砸得粉碎，再將碎片粘貼起來。如果沒記錯的話，在1980年代北京一次拯救長城的藝術品慈善義賣上，阿爾芒當着幾億中國電視觀眾的面，砸碎了一隻大提琴。看到電視上一個儒雅的外國老頭幹着這種野蠻的事，留給我的是一種奇怪而陌生的感覺，不過也使我明白，在不同的文化背景下，同樣一種行為會帶來多麼大的反響。順便說一下，在那場拍賣會上，阿爾芒的作品價格高出所有的中國藝術家好多，給我的印象是不愉快的。

　　英國的克里斯托的手法是包裹，而且達到了看見什麼就想包什麼的地步。一開始是包小束西，像《小推車裡的包裹》，後來發展到包美國的大峽谷、包海灘，包柏林國會大廈，包括包長城。這也說明克里斯托公關能力很強。他能拉到巨額資金支持，與各國政府交涉，從籌劃到實施往往經歷幾年甚至十幾年。現代藝術真是說小可小，說大也挺費錢的。也許正因為這種事難辦，藝術家帶來的日常

生活的改變才顯得有意義。試想一下，當你早上起來，看見一個你熟視無睹的建築 (比如一座橋) 突然被桔紅色的布幔包裹起來，那一定是令人激動的。在這一刻，你不得不用新的眼光去看待這一建築，它的內部已經無關緊要，剩下的只是如雕塑般渾然的

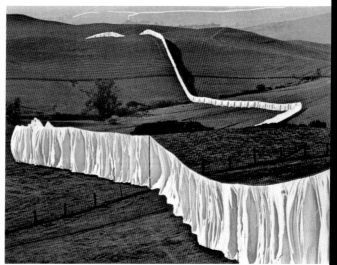

克里斯托：《包裹大峽谷》(1972)

外形。克里斯托這一路的藝術也稱大地藝術或景觀藝術。其代表人物還有奧本海默 (D. Oppenheim)，他曾駕駛一輛拖拉機在荷蘭的田莊"畫"出一件作品，不過要看清作品全貌，需乘上飛機飛上天才行。

5 事件藝術

　　其實阿爾芒、克里斯托那樣的藝術也可以算是事件藝術了。但1960年代的歐美，還有更純的事件。如果説普普藝術家是將日常物品"改變"來創造作品的話，事件藝術不需要物品就可以完成創作。事件藝術代表了現代主義藝術與日常生活徹底混合在一起。藝術家及觀眾的行為本身即構成了藝術的全部。簡單的講，藝術家抽取了日常生活的一個片斷，將其強調、放大，"表演"給觀眾們看，以此獲得藝術的效果。許多普普藝術家都曾參加過事件藝術的行為。

　　美國最有名的事件大師是卡普洛（A. Kaprow）。他擅長組織即興式的表演，比如1966年，他在紐約組織了一次事件，讓參加者在不同的地點，按照一定的指令，完成一定的行動。觀眾和藝術創造者合而為一，欣賞者本身就是作品的一部分，充分體現了事件藝術將生活與藝術混同的原則。

　　還有一些稱為"劇場藝術"、"身體藝術"、"活雕塑"、"偶發藝術"的行為，也都屬於事件藝術。這些藝術都強調人在其中的行為表演。有些表演已經達到駭人聽聞的地步。

　　有的藝術家為了加強藝術的刺激效果，不惜自殘，如一個叫勒瓦的藝術家將自己的身體不停地向牆上撞擊，直至精疲力盡；一個叫佩恩的女藝術家將一排尖利的釘子撳進自己的手臂，將作品命名為《傷感的行動》；有的人將自己的內臟請醫生作手術切片，製成標本後展出；有的將自己的頭反復浸入水中，將自己嗆得半死；有人把自己的頭髮剃掉、在皮肉上切砍；至於用墨汁、血、污穢之物塗滿全身更是經常見到；有些藝術家甚至自殘至死。也許精神病學家會從另一個角度去探討自虐或自殘的問題，但我依然是懷着敬慕的心情去看待這些藝術家。因為我曾經或現場或看電影觀看過類似的表演（儘管不多），就我個人而言，雖然覺得有些恐怖或噁心，但確能從中感到一種沉重的精神上的震撼。你會不由自主地反思自己所處的文化，感受到人類所面臨的暴力、壓抑、隔絕、污染等諸多精神危機（沒有什麼好事）。這些藝術家真的是在犧牲自己以贏得藝術，其真誠不容懷疑。不過，我不希望讀這本書的朋友去嘗試這種藝術表演。

　　其他的事件表演藝術家還有馬西尤那（G.

Maciunas），他組織的一場音樂會是讓幾個"音樂家"用錘子、皮靴將一架鋼琴砸得稀巴爛。聽眾們也欣賞到了砸鋼琴的聲音。德國的事件大師畢伊斯（Joseph Beuys）搞過一次表演《如何向一隻死兔子解釋繪畫》，他化了妝，抱着一隻死兔子，站在畫廊門口向兔子解釋了三個多小時的藝術。另外還有一些極端的藝術家當眾表演給牲口開腔剖肚，甚至有表演拉大便的……

到了這一步，事件藝術可謂是登峰造極了。反正不管你喜不喜歡，是喜歡一部分還是全部，這些都已變成美術史上"輝煌"的傑作。均為有案可查的事件。

不過現代主義藝術推陳出新的本事還沒有完，後面還有使有形的藝術也消亡了的概念藝術。

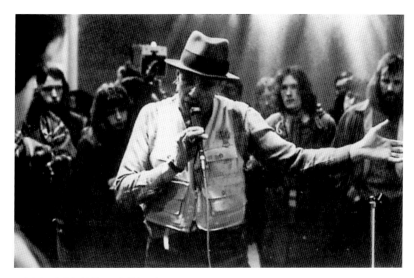

正在向觀眾們演講的藝術家畢伊斯 (1972)

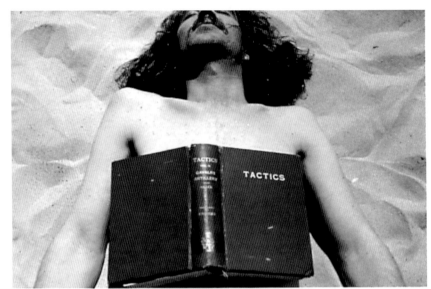

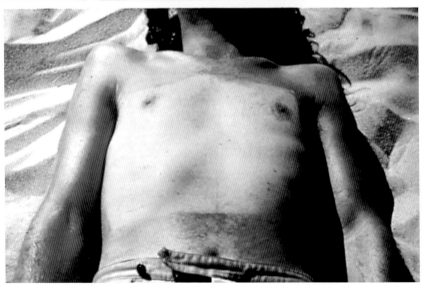

6 概念藝術

　　概念藝術是將藝術的非物質性加以極端化強調的藝術。其實也很簡單，就是把提出藝術概念作為藝術過程的實現。事件藝術還得去費勁表演，概念藝術只要讓人知道概念、想法，就算完成了。只要腦子裡靈機一動，藝術就已經創造出來了。這些藝術家看不起藝術的物質性和視覺意義，他們認為這是低級的、無意義的。"思想可以是藝術作品"，"理智的內容比感官接受的訊息更重要"。這樣一來藝術家只要像理論家一樣，解釋一下自己的想法就實現了藝術的精神性。

　　概念藝術家的這種想法，實際上證明了現代主義藝術是思考出來的藝術，藝術家在追求個性自由、自我至上的過程中，必然要反復思考以達到對主體意志的認定，當這種認定被簡潔化了、形式化了的時候，概念藝術很自然地就出現了。在概念藝術中，文字很重要。

　　科蘇斯（J. Kosath）將一段關於椅子的定義文字、一張椅子的照片和一把真椅子一同展出，以此揭示真實的物象和概念之間的關係，並強調在人們的腦子裡存在更多、地位更重要的是關於椅子的概念而非真正、具體的某把椅子。

　　另一位概念藝術家巴利（R. Barry）搞了許多看不見的展覽，因為他展出的是肉眼無法看見的超聲波或放射波。1969年他搞的"惰性氣體系列"展覽，是將氖和氙氣從瓶中放逸到宇宙，名為《無限的擴張》。有的藝術家則通過發散文件來傳播他的藝術觀念，完成藝術作品。

　　至此藝術完全與生活交融在一起，"一切皆是藝術"，"人人都是藝術家"。當然，藝術也就不存在了。

　　藝術當真不存在了嗎？依現代主義藝術發展的邏輯確實如此。但不見得人人都依這種邏輯去思考，因為它也不是終極真理。可以肯定地講：藝術不但存在，而且依然生命力旺盛。

　　但我們也不必因此而對概念藝術不屑一顧，認為都是些自欺欺人、願者上鉤的把戲。從現代主義邏輯上考慮（是進化的邏輯、個人至高無上的邏輯、人類為中心的邏輯），藝術的發展達到精神的頂點，確是它發展的極限，在這一時刻藝術最純潔，它除了藝術的概念本身什麼也沒有。而且，人

人皆是藝術家，在我聽來不但順耳，而且可行。至
於藝術就是生活，我想也可以倒過來講，生活即是
藝術，當你用藝術的情緒去觀察生活的話，生活每
時每刻都是藝術的。無論吃飯、睡覺、學習、走
路、與人交談等等都可以轉化為藝術性的行為，傳
遞藝術的觀念。人生本應藝術地活着，不知你察覺
沒有，我早已偷換了概念，這麼一大段"藝術"、
"藝術"的，哪一個是原來談的藝術，哪一個是我所
指的藝術，它們的概念有什麼不同呢？

請原諒我開的這個小玩笑，實話跟您說，這
段文字是我創作的概念藝術品。寫書本身是實現這
一藝術的行為，是一次事件藝術。

再請您原諒我，因為上面的這段話也是我胡
說的，是我自己嘲諷自己的表現……

還得請您原諒，因為上面這段話其實只是一
種解脫……

至此，讀者一定領教到了西方式的現代主義
思想否定之否定之否定之否定之否定的可怕性。

一個美國現代藝術家的奮鬥史

一位剛剛從美術學院畢業的年輕人問他的導師
接下來他該怎麼做。"到紐約去，"導師回答道："把你
作品的幻燈片都帶上，到每家畫廊去問，看能否
展出你的作品。"於是這年輕人就去了紐約。

他帶着作品的幻燈片一家家畫廊地跑。每家
畫廊的老板都把幻燈片仔細湊到光線下看，眯縫着眼
睛說："你的畫外鄉氣太濃，你還沒有跟上
潮流，我們需要的藝術家是能被寫進美術史的。"

年輕人繼續努力。他在紐約租了間房呆了

Mel Bochner 作品
（1972）

下來。他廢寢忘食不知疲倦地畫。他參加每一個展覽的開幕式、參觀畫家工作室、擠進畫家沙龍、上藝術家酒吧喝酒。他對遇到的每一個人大談有關藝術的一切。他不停地旅行、思考、閱讀。

他第二次帶著作品的幻燈片到那些畫廊去。這次，畫廊老闆們說："太好了！你終於找到了藝術發展的脈搏。"……

在商業社會中，藝術像商品一樣被消費、被出售，就像潮流時尚一樣變換，藝術家就像商人一樣策劃、動作、打響自己的品牌。這就是不折不扣的現實。

不過假如有許多藝術家可以反其道而行之的話，我們還覺得心裡平衡些。可實際情況是現代流行的"反諷"手法，已經讓人的這種純樸想法徹底毀滅了。

"反諷"的藝術家可以一邊作藝術商人、傾銷自己的藝術品，一邊批判藝術的這種墮落，並稱自己的行為恰恰是對藝術商品的諷刺。假如某人抽煙，並說他抽煙這事就是對抽煙本身的反諷，我們還能說什麼呢。這也許是對現代人的一種考驗，我們能

不能突破古典美的界限，去接受反映新時代的機智、靈感和創新，能不能不從純美術中要求美，而要求深刻、刺激和神奇。現代藝術對欣賞者的要求如此明明白白：如果你不願意參與、思考藝術，不積極加入到藝術創作的過程中來，你就無法欣賞現代藝術。現代藝術對觀眾的這種要求，一方面加強了藝術在精神領域的精英地位，另一方面也將絕大多數白天忙於生計、下班了就想輕鬆一下的現代人劃在了欣賞藝術的外圍。除非裝修客廳、布置書房，誰還有心思去欣賞令人費解的藝術呢？還不如找一盤 VCD 電影看看呢。

這究竟是現代人的悲哀，還是現代藝術的悲哀？或者都不是，是藝術發展過程一個無可奈何的過程？

我想，由前面那則美國年輕藝術家的奮鬥史可以看出，由畫廊、收藏家、美術史家組成的美術"上層建築"過於看重美術史的意義了。從收藏的角度看，能名留青史的作品當然會成為值錢的作品，可過於看重美術獨立的意義，又會帶來這樣一種欣賞者與藝術家之間的無可奈何。這也是西方現代藝術普遍遇到的困境。

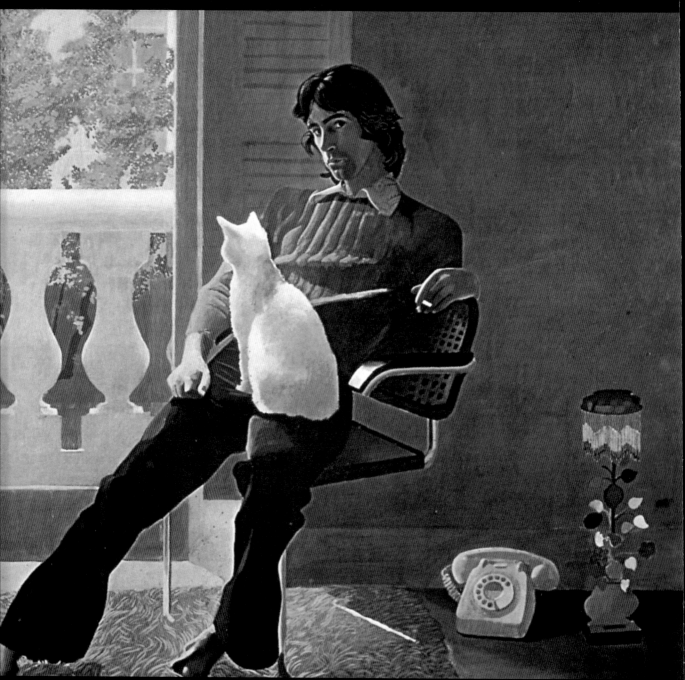

第 九 篇

現 代 主 義 與 它 的 危 機

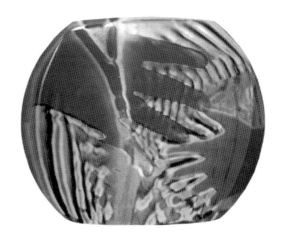

現代主義藝術早已危機四伏、但它依然在不斷發展、總不能將它強行禁止吧、
也許這就是它的魅力所在……

1 現代主義與中國的現代化

值得慶幸的是我只是一個導遊，將現代美術展現給諸位，假如我是一位導師，試圖將現代美術的文化背景與歷史意義灌輸給學生，我肯定會汗流滿面的。作為導師，言須有據，辭必見理，而現代主義的話題要麼不談，如果想正式地談，它的定義、內涵、外延的確定就夠研究生啃一陣子的了，又怎麼能在一篇內把它講完呢。恐怕光是"現代"（Modern）這個詞，找它的詞源、詞根就夠朋友們累的了。我這本書不是嚴肅的學術著作，這一點必須聲明，這樣我才能輕鬆地與朋友們侃侃而談現代美術的現象。因為肯定我的觀點有許多屬於偏見，不過也肯定是真心話。

首先，告訴你一個你可能還不曾知道的事實：在1980年代中期（那時有些讀者還沒有上小學呢），中國鬧過一陣新美術運動，說它是革命有些過份，但叫作運動絕不誇張，時人稱為"八五新潮"。從"八五新潮"開始，中國的美術家開始明顯地分化，一些人重新審視自己的傳統，並開始自覺地與世界接軌。在當時全國各地這種搞現代藝術的熱潮，很快成為了一種趨勢。這種趨勢用一句話概括就是"一片癡心向現代"。它主要針對建國後樹立的、現在業已陳舊死板的藝術標準進行改造。

當時國內最著名的美術理論報刊《中國美術報》和《江蘇畫刊》為這場運動吶喊助威。報刊上登載的一篇篇文章和各種風格的現代藝術品，一起創造了一個極為熱烈的談論學術、嚮往創新的氛圍。

與此同時，一個個活躍的美術團體也在大江南北應運而生，其中有後來知名的星星畫派。

"八五新潮"的青年們熱情如火，真誠（甚至虔誠地）以西方1910至1950年的藝術流派和觀點為偶像，狂熱地舉辦各種展覽、策劃事件、闡述理論、公布宣言。其中尤以超現實主義和達達主義最為流行。

隨後是一段時間的沉寂。聰明的藝術家和理論家開始回過頭來向傳統學習，只不過在1980年代末期，大家喜歡的是用老滑圓奸的態度來學習傳統。而中國的現代美術運動則在1990年代初進行了停頓與反思。

中國的現代藝術是在文革後湧起的第一次與傳統的決裂，這一點特別有達達的味道。比如江南美術評論家李小山的一句名言"中國畫已經窮途末路"，確實掀起了軒然大波。人們普遍聽到"創新"、"流派"這樣的呼聲。實際上它的根本目的還是在尋求藝術的個性化和自由化。只是這種理想過於依賴它所模仿的原型——西方現代美術諸流派，它受到打擊也是致命的，雷同、空洞、造作的作品比比皆是，拗口、虛偽的理論文章鋪天蓋地，使我們在一片學術性的熱鬧喊聲中感到一絲虛弱和無聊。但我們必須看到這些現代藝術家的誠懇和勇氣，時隔十幾年，我們回頭去看當時的作品，還是能感到一種激動和興奮，畢竟，藝術家是在真真切切地試圖用一種新的眼光、一套相對於中國人來講是新鮮的樣式，去表現當代人的心理狀態。

終於，創新的呼聲如同崔健的搖滾，由震耳欲聾到沙啞到沉寂。時髦一些的藝術家開始潛心鑽研西方藝術從古典到現代再到後現代的每一個流派。不知道為什麼我們會如此自卑、虛弱，覺得自己的東西這麼不正宗、不像藝術品，反正從繪畫材料到繪畫技法，從寫實、表現、抽象到裝置，幾乎每隔兩年，中國畫家就會熱心地集體研討西方傳統中的某一個畫派，甚至於它製作畫布的"正宗"

程序。我們為什麼會熱衷於到西方藝術裡尋找正宗，我想有一個原因不容忽視，那就是伴隨着中國經濟文化整體性趨向與國際接軌的口號。而這時的國際，既不是南非也不是中東，既不是巴西也不是印度，它確定的目標是歐、美、日為主的西方主流文化。儘管這時候流行的一句口號是"民族的就是世界的"，但在膚淺地照搬傳統的樣式之後，美術界確實感覺到一種內容和主題的流失，就像水土流失的耕地，有一種令人擔心的虛榮。

這時，錢開始說話。從1990年代開始，"錢大叔"(開始主要是歐美和日本買主，後來加上港台和東南亞地區)在美術界的地位越來越高。於是"炒作"、"運作"隨着拍賣業和畫廊業的興起爛熟於耳。各位以美術界為象牙塔的單純而善良的青年，讀到此處肯定要對藝術大失所望，不幸的是，當我告訴你有一大半的展覽和作品僅僅是為了展覽而展覽、為了運作而運作、為了學術而學術，你還有勇氣走進美術館的大門嗎？在沒有把握的情況下，你最好多看看藝術大師的回顧展和中國古代繪畫的傑作展。

不過畢竟還有一小半展覽和作品是真誠的、

值得研究的。其中有一些出自流浪藝術家 (有時也稱為盲流藝術家)。他們離開家鄉,來到北京這樣的大城市,租一間簡陋的農民房,開始他們充滿希望又時常絕望的藝術創業。不管心態如何,是獻身藝術還是想當暴發戶的投機分子,他們的出現都是一件令人感動的好事。因為我們看到藝術正在以人們無法預測和琢磨的方式演進,也許沒有先進與落後,沒有一般意義上的新與舊,但總有激情、靈感、創造與謎。這是屬於藝術的浪漫。現代的精英藝術縱有諸多不是,但藝術本身超越具體得失利弊的純潔性,依然是它迷人的一個地方。除非藝術真的已經過時、不再有用,否則,還是值得人們將生活中具體的利益問題暫放一邊,去體驗、沉思一種更為博大和原始的情感。

那麼,現代主義是什麼呢?

如果你的腦海裡浮現的是汽車、電視、電腦,我一點也不奇怪,因為似乎現代化的目的就是要我們過上高消費的"幸福"生活。但這裡的現代主義指的是現代主義文化深層的一些特徵。有的學者將其概括為三點:

1. 以人類為宇宙的核心,一切觀念、理論的出發點都是人。

2. 個人主義。

3. 進步的思想,以為文明總是由低級向高級發展,人類社會總是在進步,新東西比舊東西先進。

這種現代主義信仰在20世紀中葉達到高峰,在目前的中國這股高峰好像還處在上升階段,不過已經換了一些內容,比如中國人從未相信過個人主義,而且我們認為的進步與發展,更多的是放在對物質的追求上。在20世紀末,中國老百姓還在飢渴地等待着過一過購物的癮。

這一切對美術的影響是很大的。西方現代美術基本上是在現代主義思想推動下走向成熟。而現代美術造成的問題也日益明顯。

② *現代主義的危機*

現代美術是伴隨着資本經濟的擴張而成長的。隨着全球一體化的經濟圈的形成，文化圈也呈現出世界性。從沒有哪一個時代像20世紀一樣，地球上的居民真正有了地球人的概念。香港的一個經濟政策，可能影響到美國的總統選舉，倫敦股市的些許震蕩，也可能使得俄羅斯某位農民換台新電視的計劃成了泡影。一個世界範圍的共生共存的觀念，使我們既明顯地感到在失去自我，又明顯地感到需要發現自我。

各國的美術家都在着急地尋找屬於自己地區的特殊東西。但費了好大勁，搞出的卻是彼此相像的作品 (説雷同有點武斷)。我每次去美術館看現代藝術展都有這種感覺：不論是越南的、香港地區的、中國大陸的還是美國的、歐洲的畫展，看上去都是那麼地相似。也難怪，美術雜誌那麼多，信息流通那麼快，誰又能不受誰的影響呢。所謂的國際美術語言就在這種風格的趨勢影響下形成了。越是看到這種藝術的國際化，越是容易激起藝術家的野心，這就多少有點"衝出亞洲、走向世界"的青春激情了。

我個人對這種情形是反感的。我希望美術家能夠把野心放得小點，多為身邊的人創造一些美術品。比如你若能為你所在的社區創作一張壁畫，顯然要好過去尋求某種"能得到國際承認的風格"。如果你的水平更高，能針對你所處的文化情境 (大到一個民族、國家，小到一個家庭、自我的心境) 進行藝術的表達，我更會為之讚賞。藝術中本無題材的大小，畫一隻蘋果和畫歷史大事件、畫一位鞋匠和畫一位總統可以是一般輕重。藝術中有主題的大小。同樣創作自畫像，甲畫家可能只是自戀，乙畫家卻可能體察到人類的尊嚴。

也怪，現代主義美術本是追求個人主義的，最後卻為個性的消失而着急。現代主義美術本來是追求更先進、更超前、更社會化的，卻發現越來越少的人去美術館，越來越失去社會的關注，甚至美術是否面臨終結，竟成了一個問題。100年前，畫家們希望畫畫、搞藝術是件私事，現在私事倒是私事了，可又沒人理，也讓人上火。

在1990年代後半期，聽説歐洲人已經開始把現代藝術當作"頑童的胡鬧"，把現代藝術家愛使用的讓老百姓莫衷一是的東西明白地稱為"皇帝的新衣";聽説現代藝術家越搞越大的裝置藝術和觀景藝術已經惹得納税人發起抗議活動;聽説中國的老百姓都在忙着賺錢買房沒時間看畫展;聽説懷舊的情緒越來越濃,《老照片》、《黑鏡頭》火爆書市;也聽説官方美術、前衛美術、學院派美術和商品美術已經互相依存,誰也不招誰地和諧共處。這道聽途説的消息,説不定就是美術界的大環境、大狀況。

還聽説電腦網絡激發了許多藝術家的創作激情,資訊時代造成了資訊的泛濫,也造成了對需要解釋的東西的厭惡和對直截了當的熱愛。誰還有耐心聽美術家囉嗦他創作構思的原始想法、創作過程和感想呢。也聽説基因複製時代講究的複製與反對複製,追求原創性與無節制的借鑑,全手工與工業製造之間的矛盾已經暴露無遺⋯⋯

我不能説這就是目前的主流或未來的趨勢,但20世紀末最後的兩年的確是伴隨着經濟不景氣所帶來的低迷之氣和激烈的生存競爭。我們不得不接受生活的挑戰。忙於生計的父母、忙於考試的學生,在這個時候會需要什麼樣的美術,又有什麼樣

的美術出現在他們生活的地方呢?

但願美術不要淪為僅僅少數人自娛自樂或致富成名的工具,也不要將頑固的學院風格和政治要求的作用再擴大了。希望美術在21世紀成為普通人能夠理解、交流的情感表達方式,對美術的熱情不再限於將兒童送到兒童美術班。其實超過上兒童美術班年齡的人士(從初中生到退休的老人)才是最能理解美術、欣賞藝術的主體。

以懷舊和回歸為主題的世紀情結,在你讀這本書的時候可能已經不適應,美術作為一種人類本性的自然流露:人生來就喜歡模仿、創造和物質交流,用形象來理解生命⋯⋯一定要從它所具有的表達能力的豐富性和遊戲性出發去誘導、開發每個人的潛力。

可以明顯地看出來,這最後的一段文字是一位理想主義者的美術烏托邦話語。我喜歡現在的時代,喜歡現在的美術家和美術作品,也希望它能為更多的人所欣賞、享有,因為美術本是上天賜予人類的禮物。

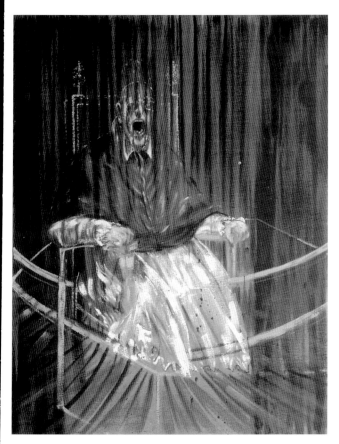

培根繪畫委拉斯貴茲的名作:《教皇英諾森十世變體畫》(1953),
錯位的五官、誇張的表情、扭曲的造型,
培根為現代西方社會人的異化心態進行了漫畫的表現。

3 後現代主義藝術

　　後現代藝術不是現代主義藝術之後新冒出的一種"主義"或藝術流派。它沒有統一的風格,只是一種兼收並蓄、多元多樣的藝術現象。

　　在現代主義藝術發展到概念藝術後,似乎再也沒法創新出什麼離奇而有趣的東西了。藝術並不能滿足無休止的發明創造,這就使達到高峰狀態的進步論者與先鋒派感到從沒有過的茫然。1973年的西方石油危機則是一種文化崩潰的標誌。以科技、理性、文明、進步為誘餌,以污染、浪費、墮落和自私為代價的西方現代主義文化,突然之間變得危機重重。經濟的大蕭條毀滅了泡沫經濟,也使人們能夠冷靜下來,反思轟轟烈烈的現代主義運動帶給人類的副作用。內外交困,使得現代主義藝術沉寂下來。運動沒有了,主義不見了,能夠改寫美術史的大師也少了,代替的是無數小的藝術團體和藝術家及不同方向不同趨勢的混亂、渙散狀態。

　　就具體的藝術現象而言,與現代主義的先驅一脈相承的藝術家依然大有人在。20世紀前半葉的現代藝術品,已成為美術館裡的經典作品,供人

165

瞻仰。但物極必反的規律又一次顯現，一股強大的反思現代主義文化的思潮很快蔓延開去，即使是依然遵循、信奉現代主義信條的藝術家也修正了自己的創作方向。

簡要說來，後現代主義在以下幾個方面改變了現代主義原來"天經地義"的真理：

1. 人是宇宙的中心，天上的星星、月亮，地下的石油、寶藏都是我們人類所有的，這種現代主義觀點為更加成熟的後現代觀點所取代：人是宇宙、自然的一部分，只有萬物和諧共處，才能使生命得以延續。

2. 現代主義特別強調的個體與自我的絕對價值，已經被後現代自我與他人的交流哲學所取代。那種只圖自己一時享樂，哪管先人後代的短視作法成為一種犯罪。後現代藝術開始建立藝術交流過程中觀眾與藝術家平等和諧的關係。

3. 後現代藝術破除了以西方現代主義藝術(實際是歐洲文化)為中心的單一發展模式，而代之以強調不同文化、民族和諧共存的多元論。簡單的世界大一統思想被重視差異和地方特點的藝術思想替代。

4. 以未來主義為代表的現代主義藝術那種樂觀自信、嚮往科學的進步、好狂想，崇拜更大、更快、更先進的思想被現實的危機、冷靜、適度的觀點替代。機器的美不再是吸引人的，手工與自然的價值再一次被重視。

5. 現代主義藝術反傳統、追趕先鋒與鬧運動、鬧革命的心態被後現代主義者所揚棄。借鑒傳統、回歸過去的富有人情味的折衷態度代替了偏激與割裂。

6. 抽象性和實驗性的前衛藝術已成為現代主義的強弩之末，有具體形象和借用傳統藝術手法的後現代藝術則越來越受歡迎。

後現代藝術開始產生反響時是源於建築界發生的變革。1977年，英國評論家詹克斯 (C. Jencks) 發表了《後現代建築的語言》一書，明確指出現代主義建築已經窮途末路，建築語言在形式上和內容上都極度的貧困，需要從反面考慮一下了。同樣的情況也發生在美術上。一股尋根的熱潮席捲文化藝術界。後現代主義沒有明確地全面否定現代主義藝術，它還在一定程度上繼承了現代主義的語言與結構，它是一種中庸道路。新和舊不再是兩個對立的

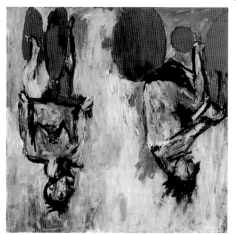

範疇。後現代主義實際也不像一個主義,因為它沒有固定和明確的宣言、人員和風格。它只是一個鬆散寬泛的概念,一種多元論。

後現代主義的美術一般有以下一些特點:

1.具象的形象與傳統的寫實方法開始流行起來。

2.借用傳統題材,如神話、傳說、宗教故事或經典名作來表現現代人的感受,或者用現代人的眼光來重新審視傳統的藝術。聯想、比喻、引用、典雅、和諧的理念又重新回到美術中來。

3.古典主義的回歸。藝術家通過古典主義繪畫方法,表達了對於舊日田園牧歌、自然風光、鄉村生活的懷念以及對於現代社會頹廢、自戀與追求感官消費的文化的批判。

後現代主義的畫派、畫家比較難於把握,因為所謂畫派只是勉強能聯繫在一起,而畫家由於沒有多少公認的大師而顯得多而亂。後現代的藝術現象含糊、紛亂、缺少直線式的明朗線索,這也是後現代主義文化的一個特徵。比較而言,德國的新表現主義算是其中一個比較重要的畫派,畫派的主要人物巴塞利茨 (G. Baselitz)、伊門多夫 (J. Immendorff)、基弗爾 (A. Kiefer)、蓬克 (A. R. Penck) 等都於1970年代採取了共同的創作態度:回歸繪畫曾經有過的表現力,不排斥繪畫有形的形象,運

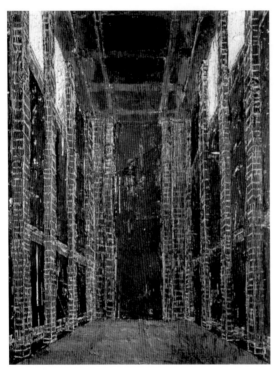

基弗爾作品 (1978)

用敘事、歷史和神話傳說來引喻畫面的主題。

　　巴塞利茨特有的作品風格是畫倒置的形象。人的臉、植物、人體、動物等等都是倒懸着出現在畫面上。這不是掛倒了，而是倒着畫出來的。他的畫筆風硬朗、色彩強烈，很有視覺張力。

　　基弗爾的畫充滿神秘氣息，他延承了弗里德里希(19世紀德國風景畫家，作品充滿精神性和象徵性)一路的表現主義精髓，用很濃很稠的顏料在畫布上製造出豐富的效果。對傳統神話、巫術、大地、森林的熱愛。其作品帶有濃濃的象徵含義。

　　蓬克的畫類似於兒童畫或原始繪畫，畫面上的人很像一些符號，有時這些人形符號還背着、拿着一些道具如武器、小旗。文字符號也常常作為畫面形象的組成部分。

　　其他的重要畫派還有意大利的超先鋒派，代表人物克萊門特的作品充滿神秘主義與形而上的味

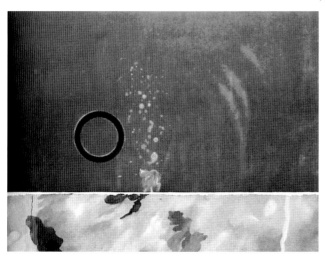

大衛·霍克尼作品（1971）

道。雖然畫中的形象很容易辨識，比如人的臉、眼睛、靜物等，但詭秘鮮艷的色彩卻令人很難參透畫家的意思。他的作品中還摻有印度文化的影響和禪的意味，這種把異國文化、傳統藝術和現實融合一起的作法，在後現代藝術中也很常見。

曾經是普普藝術家的英國畫家霍克尼（D. Hockney），在1980年代後也喜歡從古代文獻中引用題材，而他的風格一直在具象繪畫的範圍裡。借古喻今、以今觀古使他的作品別有一種文化氣息。他常常取材於普通的室內生活情景，並用想像力改造成兼具古典、兒童、表現主義的混合風格。

後現代畫家由於特別繁雜而顯得難於列舉。但僅僅通過這些個別畫家我們就可以了解到1970年代後美術圈子裡發生的變化。在我們這本集中於現代美術的書中，無法過多地進行闡述，讀者們只要了解到現代美術的近期走向就可以了。

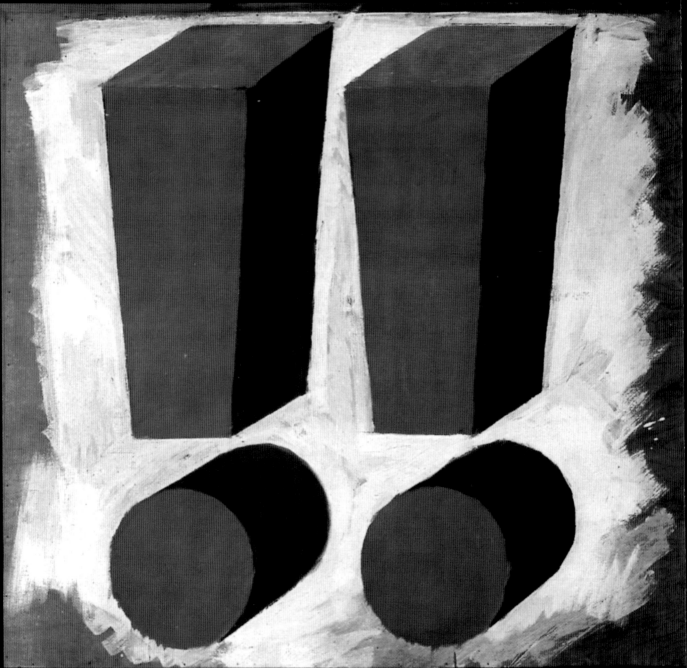

第十篇

現 代 美 術 的 主 題

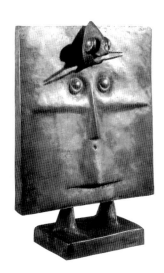

看一看這些美術主題，我們會不會害怕起我們生活的這個時代呢？……

1 *現代美術也有主題*

這短短的一篇是為了加深大家對現代美術表現內容的印象。由於藝術家與他生活的狀態和周圍環境聯繫太緊密，作品中折射出來的主題傾向，往往是含混的、多面的。但觀賞者卻不可避免地會問作者作品的內涵。有的作者性子好，會不厭其煩地向觀眾解釋，有的作者就會避而不談，讓好奇、誠懇的觀眾覺得再問下去有點傻。其實作者也未必都清楚他想要表現的是什麼，現代藝術尤其如此。觀眾自己感覺到的東西，往往組成了現代藝術作品有意欠缺的部分，作品因觀眾的主動思索而填補成完整的美術作品。因此，了解現代美術慣用的主題，可以幫助大家評價一般的現代美術作品的通常意義。當然，由於藝術的複雜性和模糊性，千萬不能用教條的態度來套用這些主題，否則還不如壓根兒不知道這些東西的好。

還應說明的是：許多現代藝術家聲稱自己的作品沒有主題，但實際上一件藝術品總有其核心的內容，即便是達達派那樣的反對意義、強調虛無也是一種意義。在現代社會中，一切人的行為都被打上社會文化的烙印，反文化恰恰成為非常有文化性的態度。還有一些藝術家聲稱只對形式感興趣，這種故意將自我的主觀感情色彩淡化的作法，也算是一種偽裝。因為形式的構成法則與美感，必須建立在個人的視覺心理和生理的統一上。毫無疑問，以追求形式美為主題的繪畫，同樣是一種視覺"文明"。其精神的意義顯而易見。

美術作品的表現內容可以大概地分幾個層次。大一些的內容往往以藝術家個人一貫性的思想感情為核心。有些藝術家可能一生都在致力於揭示某種情感或某種具有哲學意義的命題。通過研究一個藝術家的風格發展史，或研究一個時代一群藝術家共同的追求，可以發現這種線索。這種比較深厚寬大的核心內容，由於其相對的穩定而稱之為藝術主題的主題，有時也可能稱之為母題。

小一些的內容一般指一件作品的核心。這就是作品的主題。一個畫家在一生的創作中，總是會因為環境、心情、學識和經歷的緣故而不斷地變換創作的興趣點。也許他的母題只有兩三個，比如表現宗教情感或暴力或母愛，但每一張畫的主題總會有差異。這種主題可一般較明顯地反映在題目上。

但對於那些標着《無題》畫名的作品，也許並不是沒有主題，而是作者不願或找不到合適的詞語來表示它。具象或抽象作品可以表明同一個主題。

題材則是主題流露時自然搭乘的載體。專注於分清題材有時顯得膚淺。題材通常是以畫面可以辨認的形象來推斷。比如人體畫、靜物畫、風景畫等。還可以再細分，如風景畫分成海景、田園風景、城市風景等，甚至還可更細地劃分成北方城市風景、南方城市風景……以此類推。但題材也並非一點意義也沒有。如果單獨對人體這種題材的繪畫進行縱向和橫向的比較，那麼欣賞美術品的樂趣就會大大提高，作品主題的顯現也會比較清晰。將題材與主題加以區分是很有必要的，同樣畫一組靜物，有人表現優美；有人表現崇高；有人感受歡快；有人體會憂傷。主題神秘地隱藏在題材的外衣下，需要每位觀賞作品的人用心去體察。然而，唯其含糊不清，才能激發人們審美的能動，如果藝術的模式太過於死板，缺乏驚奇與敏感，又怎能感受創造的魅力呢？現代美術的題材，顯然又比古典美術更多、更廣，個人化的成分更濃。傳統的肖像、風景、靜物、人體、風俗、宗教等分法顯然不夠

用。於是題材越分越細，有時乾脆變成具體的瓶子題材、窗戶題材或抽象符號、色彩對比題材等。由此也能看出現代美術的分工越來越細，為了找到自我獨特的位置，藝術家絞盡腦汁地發掘既符合自己個性、又符合時代審美要求的形式美感和畫面主題。

2 現代美術中常見的一些主題

與個人生存有關的常見主題有：

1. 暴力：讓知識分子們感觸良多。也許文人天生是反暴力的，此類作品主題往往比較明確，作者的愛憎也較為鮮明。有關暴力的主題有戰爭、軍隊、警察，或者以一種隱喻的方式傳遞存在於社會中的壓抑、不平等、家庭生活中的壓力等等。

2. 自我意識：現代人最常關心的問題就是"我"現在到底是個什麼樣子？越是強調自我個性，越容易有迷失自我的感覺，畢竟我們很難控制周圍事物對自己的影響，很容易在無可奈何之中，改變自己設計好的形象 (不是外表形象)。有關自我意識的主題範圍比較寬泛，有自戀、人與人之間的隔膜、孤獨、懷舊、自殘、迷失自我時的彷徨、恐懼、寧靜等等。自我意識往往會通過畫面中的人與物，進行"擬我化" (將對方比擬為自我) 的處理來加強作品的主觀因素。

3. 人與環境：我們的住處、街道、廣場、大地、山川、河流、海洋、動物、植物、空氣、元素等在藝術家的眼裡是具有真實生命的有靈之物。致力於探索人與環境主題的美術家可能不像環保主義者那樣喊口號或遊行，他們更偏愛用含蓄的手法表達人與環境的關係和危機。大到山嶽的偉岸輪廓、小到射入室內的一束陽光，都可以承載這樣深刻的含意。推而廣之，這又是一個主體與客體的關係問題。

4. 心理學與性：我想能讀此書的讀者也不會是16歲以下的小朋友，我也不必諱莫如深地遮遮掩掩。在現代美術描述的主題中，與性有關的比比皆是。這種主題並不都像人們想像的那樣，是為了表現上天造物時留下的最"美"的作品——人的身體，相反，許多現代藝術家嘲諷這種溫情、唯美的表述。走極端的畫家，會從反面理解這個問題，他們表現人體的醜、表現性的動物本性、表現附著在性問題上的社會道德和倫理制度，以及男人和女人在社會中地位、角色、行為的差別與衝突。很多主題是從心理學的角度對"性"的問題進行了剖析，因為大家不會忘記，佛洛伊德的精神分析學是如何影響了現代美術的形成與發展。

與群體文化的生存問題有關的主題有：

1. 宗教信仰：應該説這個世界上有許多人、許多民族是迷信的，有的迷信科學（過去認為科學是最可信可靠的，近來許多思想家又在反思科學，認為對科學的依賴已經到了迷信的地步）；有的迷信巫術；有的迷信主義；有的迷信教旨，形形色色的信仰與宗教充斥着現代人的生活，幽靈般在人的腦中飄蕩。有時你可能感覺不到，但它卻一直存在。西方現代美術普遍信仰進步的神話。許多藝術家也注意到，宗教般狂熱的精神性與現代人歇斯底里的表達方式有一種不謀而合。神秘主義主題大行其道，鬼神之類的形象以一種新的面目出現。其他主題還有宗教和信仰的衝突、對大眾普遍遇到的精神問題的表達，如世紀末情結等。

2. 哲學：更接近於追問意義。如時間、空間、物質、歷史等都在現代藝術中被追問、被拆解、被表現。

3. 種族：當一個民族的文化面臨被其他更強勢的文化壓制、吞併的境地時，由人種和民族所界定的文化主題就會在美術上得到明顯的反映。像民族、民間和傳統文化或者新舊文化並存時的矛盾都是。現代

美術這方面的內容也比較多，大概是由於以美國為主的霸道的西方中心主義太得意、太橫蠻的緣故吧。

4. 科學技術：不論熱衷還是不熱衷於科技新事物的藝術家，都無法忽視科技發展所帶來的新事物與新觀點。這方面的流行主題有電腦、網絡、數碼化、基因複製、資訊發達等。當然藝術家不是簡單的畫電腦、寫數字，他們要發揮足夠的想像力去形象化這些科技現象帶給人的影響。

如此列舉下去，可以寫很多很多，但我想尋找現代美術主題的意義有以下兩個原因：一是告訴朋友們現代藝術作品總是有主題的，二是強調這些主題與一般人對藝術主題的認識不同。你看我幾乎沒有提到表現美的主題，不管是所説的外表美或內在美。因為美已經不是現代藝術家關注的主要問題了。作品的思想性和對生存狀態的觀照，才是最重要的。

最後我想再強調一下藝術作品的多義性。有關作品的主題既可以算作一個問題，也可以不算什麼問題。它只是在幫助人們了解現代美術作品時起一點點作用，但千萬不能局限在某個主題裡去理解某件作品。否則也許會錯過作品中某個重要的因素。

參 考 書 目

● 《現代藝術的意義》，(美)約翰‧拉塞爾著，陳世懷、常寧生譯，張俊煥校，江蘇美術出版社，1996年4月第2版。

● 《藝術問題》，(美)蘇珊‧朗格著，滕守堯、朱疆源譯，中國社會科學出版社，1983年6月第1版。

● 《色彩藝術》，(瑞士)約翰內斯‧伊頓著，杜定宇譯，上海人民美術出版社，1978年12月第12版。

● 《The Story of Modern Art》, Norbert Lynton, Phaidon Press Limited, First Published, 1980.

● 《現代與後現代──西方藝術文化小史》，河清著，中國美術學院出版社，1998年版。

● 《中國現代藝術史》：1979~1989年，呂澎、易丹著，湖南美術出版社，1992年5月第1版。

● 《歐洲現代畫派畫論選》，瓦爾特‧赫斯編著，宗白華譯，人民美術出版社，1980年12月第1版。